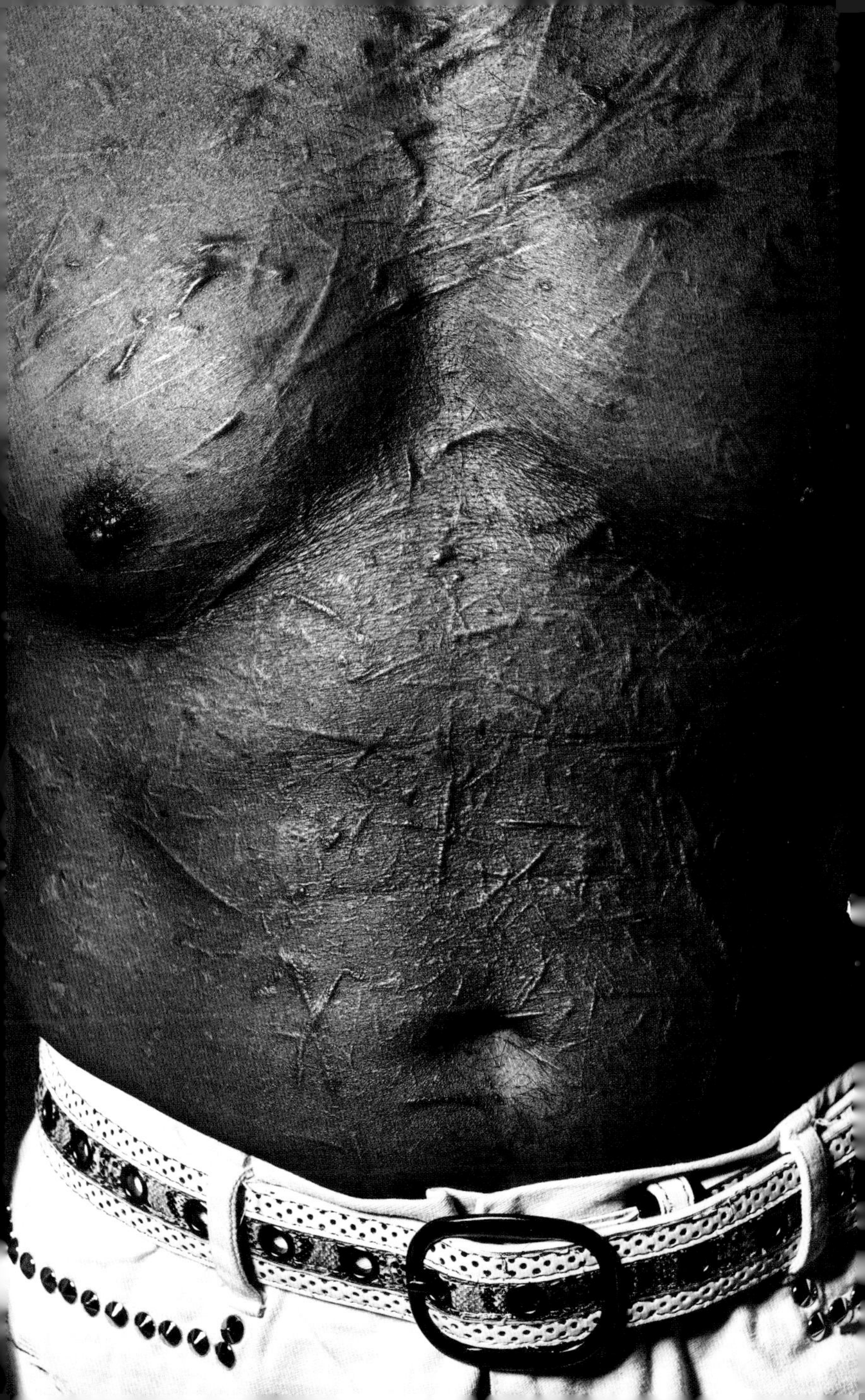

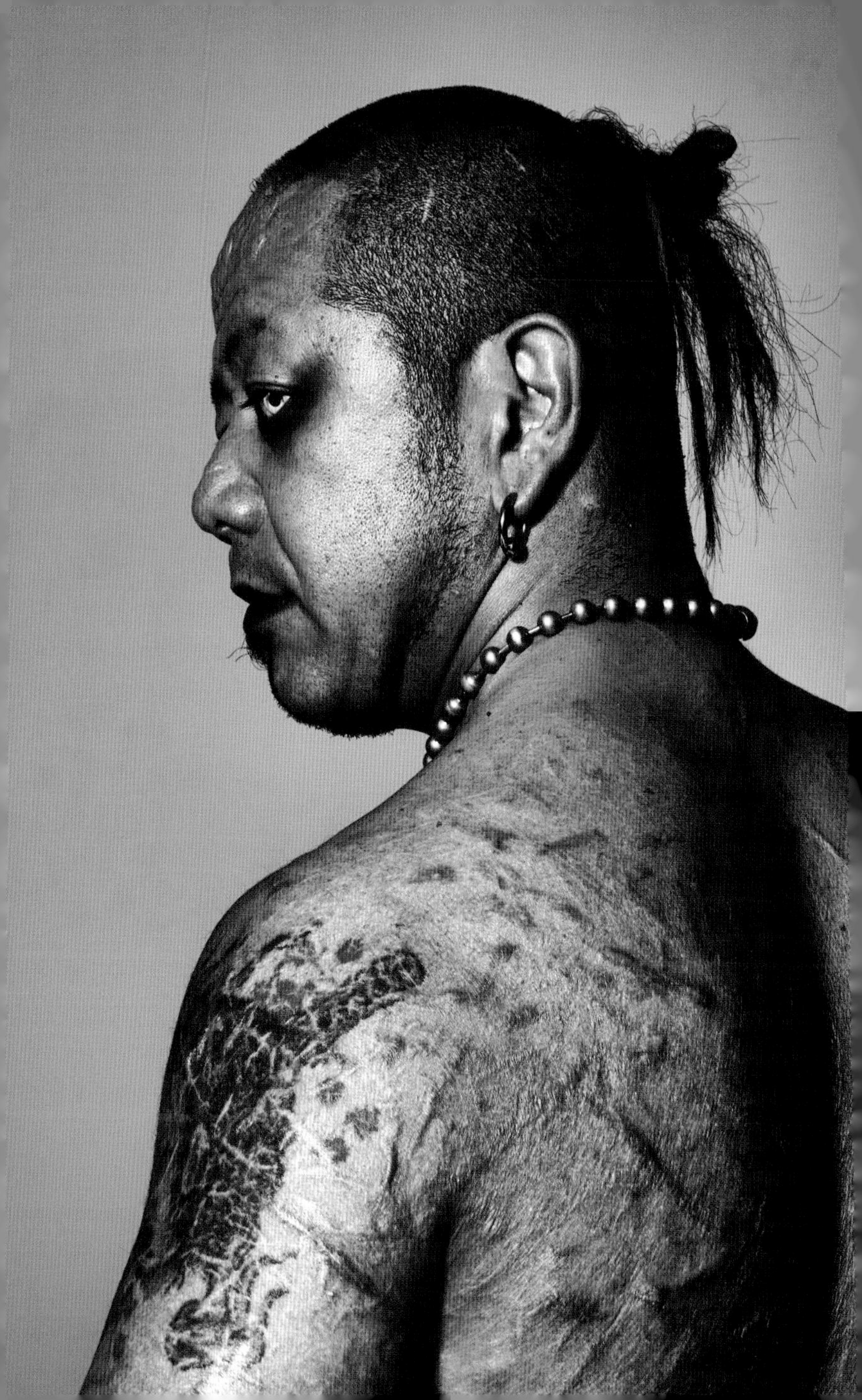

FUCK

CRAZY MONKEY

JUN KASAI

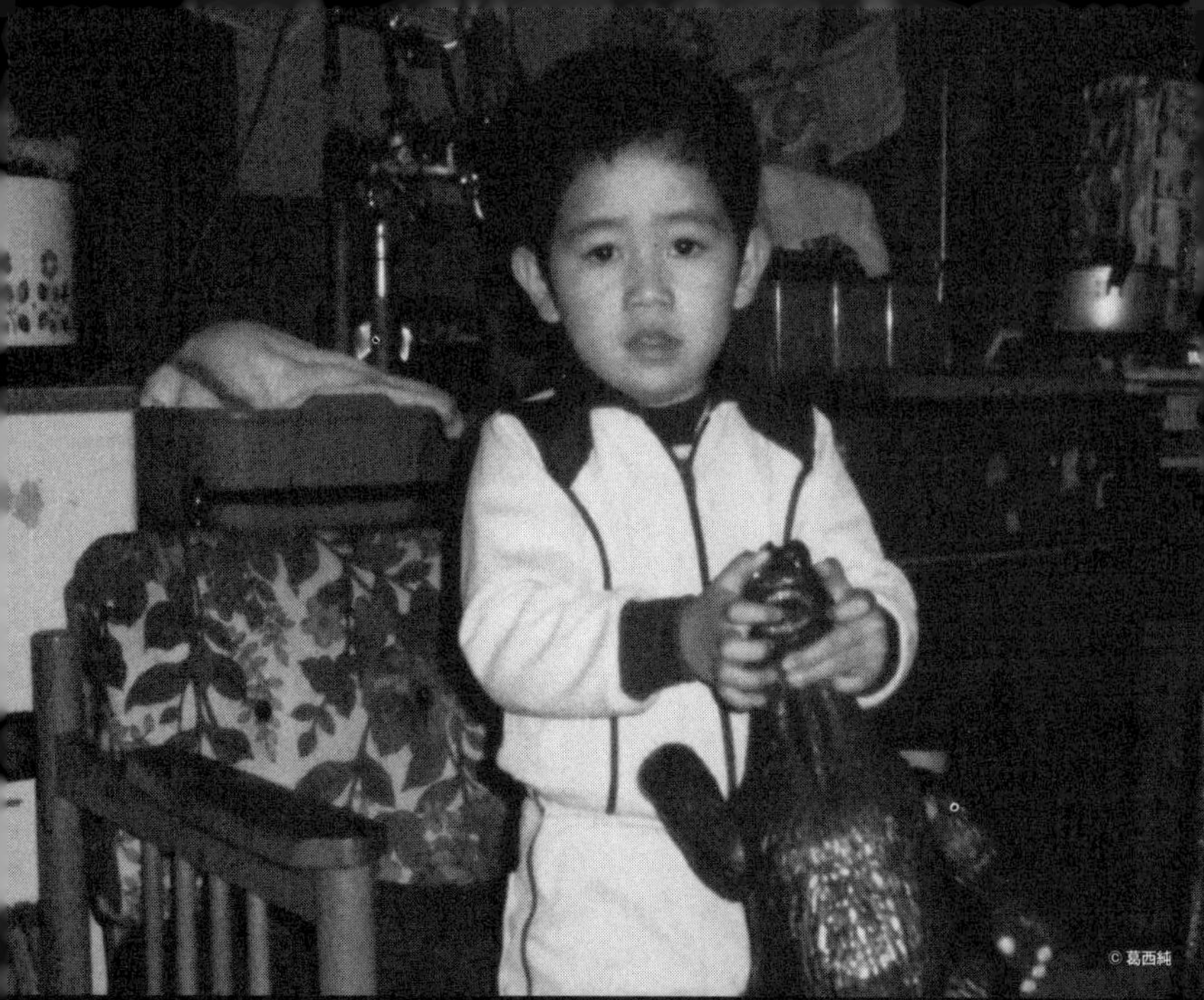
© 葛西純

CRAZY MONKEY JUN KASAI

はじめに

俺っちは北海道から東京に出てきて、警備会社に就職して平凡に過ごすはずだった。

それはそれで幸せな人生だったかもしれない。

でも、俺っちがいちばん憧れた職業は「プロレスラー」だった。

その夢を追い求めて23歳でプロレスラーになることができ、それから20年以上もデスマッチに身を捧げてきた。


過酷なデスマッチを続けてきて、いままで数えきれないくらい「痛くないですか?」と聞かれてきた。

もちろん、痛い。

でも、正直に言うと、それ以上に楽しい。

体は傷だらけ。流した血の量も計り知れない。

そのおかげで、日本全国どこの町に行っても「葛西純」の名前を知ってる人がいる。

世界中に「カサイ」コールで出迎えてくれるデスマッチファンがいる。

こんなに幸せなことはない。

明日、死んでも後悔がないと言い切れる。

今回は、そんな俺っちの半生を振り返った。

読んでくれた人が、明日から何かを変えたり、挑戦する気持ちを持ってくれるような「刺激」を受けて、予定調和な毎日に少しでも狂いが生じてくれたらと思う。

俺っちの人生がプロレスに、デスマッチに狂わされたように。

葛西純自伝『クレイジーモンキー』目次

ン肉マン』嶋田先生が絶賛した試合／宮本裕向／肩の痛みを隠して出たトーナメント／「デスマッチトーナメントで優勝できなかったら引退」／右ヒザがベキベキッと音を立てた／記憶にない名勝負

第九章

他団体への参戦

「葛西純と大仁田厚がやったら面白いんだけどな」／初めて竹田誠志にピンフォール負け／「あ、全然いいッスよ」／大日本プロレスに上がらなくなった理由／本間朋晃と藤田ミノル／過去と未来が交錯するようなカード／KFC王者へ／息子との関わり／他団体への参戦／初めて体現できたプロレス／天龍にぶちかました蛍光灯／葛西VS伊東

© 葛西純

CRAZY MONKEY JUN KASAI

第一章

少年時代

北海道帯広生まれ

俺っちは、北海道の帯広というところで生まれ育った。両親と2歳年上の姉ちゃんのいる4人家族で、平凡といえば平凡な、どこにでもあるような家庭だ。帯広は田舎で何もなかったけど、俺っちは1974年生まれで、子供の数だけは多かった。

近所には同じくらいの年齢の子供がたくさんいて、俺っちが幼稚園ぐらいの時は、そいつらを子分のように集めて遊んでいた。

マンガやテレビはそのころからよく見ていた。ウルトラマンとか、仮面ライダーとか、戦隊モノも好きだった。

ただ、そのころからヒーローよりも、なぜか怪獣とか怪人のほうに興味を持っていて、マンガもオカルトとか怪奇系のものとかをよく読んでたし、昔から不気味なものにちょっと惹かれる傾向はあったね。

あとは、絵が好きだったから、もう暇さえあればずっと絵を描いていた。新聞に入ってくる広告の裏が白いやつを取っておいて、そこに似顔絵とか、オリジナルの怪人を思うままに描いてた。

じいちゃんとばあちゃんが、離れたところに住んでたんだけど、「純は絵が好きだから」って、裏が白い新聞広告をいっぱい溜めておいてくれて、会いにきた時にごっそりくれたりして、それでも足りなくなるくらい絵は描いてたね。

自分でも変わってるなって思うのは、隠れて女性の裸体も描いてたことだよね。うちの親父がエロ本をタンスの裏に隠していて、それを姉ちゃんと見つけて二人でこっそり見ていた影響もあって、そのエロ本を参考に女性の裸体の絵も描いていた。

これもまったくイヤらしい気持ちはなかったんだけど、子供ながらにこういうものを描いちゃいけないんだろうなっていう意識はあった。

だから、そういう絵は、親に見られないように電話が置いてあった台の下にずっと隠してたんだよ。

これはいまも鮮明に覚えてるんだけど、その日は幼稚園が休みか何かで、俺っちは家で昼寝をしていた。

そうしたら、うちの母ちゃんが誰かと電話をしてる声が聴こえてきて、「うちの純が、女の裸の絵を描いて電話台の下にずっと溜めてるんだけど、このコおかしいんじゃないのかな」って相談をしてるわけだよ。

それを寝たふりしながら聞いていて、「まずいな。バレてんな」って思いながら、俺っちはおかしいのかなって自問自答したこともあったね。

アントニオ猪木VS上田馬之助のネイルデスマッチ

そのころ、誰かの誕生日か何かで親戚同士が集まって、宴会をするみたいなことがあった。大人たちはお酒を飲みながらワイワイやってるんだけど、その時に、たまたまテレビでアントニオ猪木VS上田馬之助のネイルデスマッチ（1978年2月8日・日本武道館）をやっていた。

リング下に設置された釘板に落ちる、落ちないっていう試合を見ながら、親戚のおじさんたちがああでもねぇこうでもねぇって大興奮しながらすげぇ盛り上がってるわけだよ。それが自分の記憶の中にある、いちばん最初に「プロレス」っていうものを知った瞬間だね。

いま思うと、猪木さんがデスマッチをやること自体が珍しいことだし、試合形式も含めて当時のプロレス界では貴重な一戦だったと思う。

でもあの試合は、結局誰もネイルボードに落ちなかったんだよ。それを子供ながらに見ていて、これの何が楽しいんだろうって思ってた。

まだプロレスというものがよくわかってなかったから、そのころの自分には伝わってくるものがなかった。

幼稚園時代は帯広のちょっと東のほうに住んでたんだけど、小学校に入るタイミングで、帯広市内にある違う町に引っ越すことになった。

小学校入学ってことで、誰もが新しいスタートを切ることになるんだけど、俺っちにとっては、いままで仲良かった幼稚園時代の友達がまるっきりいないし、近所の子分たちもいない。新しい環境になってしまって、イチから友達をつくらなきゃいけなくなったことで、ちょっと俺っちの性格が変わってしまった。

子供だから、環境にもすぐ慣れるし、友達もできてはいるんだけど、やっぱりどこかしら馴染めない感じずっとしていたし、どんどん内気になっていった。

友達が「葛西くん遊ぼうよ」って家に来ても、母ちゃんに「ちょっといないって言って」って頼んで居留守を使って、ひとりでずっと絵を描いたりしていた。俺っちはいまだに内向的だなって思うことはあるんだけど、このころはもっとそれが出ていたね。

そんなころに、こんどはしっかりと「プロレス」に出会った。

帯広に全日本プロレスが来た

忘れもしない、小1の冬。

クラスに栄くんっていう、ちょっとジャイアンっぽい立ち位置のヤツがいたんだよ。そいつが「こんど、帯広に全日本プロレスが来る」って、すごいテンションで喋ってるわけだよ。

プロレスって、あの大人たちが見てたやつかと思って、栄くんに詳しく聞いたら、「ジャイアント馬場っていう、とんでもなくヤバいプロレスラーが来る。背丈が2階建ての家の屋根ぐらいあって、そいつがリングへ向かって花道を歩いてくる時には、近寄ってきた子供とか老人とかを空手チョップでバンバンなぎ倒すんだ!」ってまくし立ててきた。

いまにして思えば、とんでもなくデタラメな盛り盛りの話なんだけど、それを聞いて「そんな人間がこの世の中にいるのか!」と問答無用でワクワクしたね。それに「バケモノみたいな外国人レスラーもたくさん来るぞ！」と。

当時の帯広では、外国人なんてほとんど見たことがなくて、たまにキリスト教の布教か何かで、リュック背負って自転車乗ってる外国人がいただけでも、子供たちが「ガイジンだ！　すげー！」って追っかけ回すくらいだった。

そんな町に、外国人レスラーが束になってやって来る！　そいつらと背丈が2階建てぐらいあって空手チョップでバシバシ子供をなぎ倒す大男が試合をする！　そんなとんでもないことが起こるなら、これは何としても見たいと思って、学校終わって、家に帰るなり父親に「全日本プロレスが帯広に来る。お願いだから、クリスマスプレゼントもそれでいいから、連れて行ってくれ！」って頼み込んだ。

父親もプロレス好きなほうだったから「よし。わかった」と。いとこのお兄ちゃんも行きたいって言ってるから二人で行ってこい！ってチケットを買ってくれた。

それから試合当日まで待ち切れなかったね。

そのころのチケットは、ちゃんと印刷されてる実券で、ジャイアント馬場、ブルーザー・ブロディと、名だたる強豪の写真が載っていて、それを眺めてるだけでテンションが上がった。

これはちょっと待てない、気持ちを抑え切れないってことで、本屋へ行って『プロレス入門』とか『プロレス大百科』とかのブ厚い本をひとしきり買ってもらって、家で毎日読んで〝予習〟をしたよ。

生で体験したブロディの暴れっぷり

いよいよ大会当日。俺っちのプロレス初観戦となったのは、81年の「世界最強タッグ決定リーグ戦」だった。

参加チームは、ブルーザー・ブロディ&ジミー・スヌーカ組、ジャイアント馬場&ジャンボ鶴田組　、それにザ・ファンクスもいた。

外国人選手も大量参戦していて、タイガー・ジェット・シン、ハーリー・レイス、ザ・シーク、バロン・フォン・ラシク、キラー・カール・クラップ……。宣教師の外国人を見ただけですげーって言っていたのに、もう体がデカくてこの世の人間とは思えないようなヤツらがガンガン出てくるから、もう大興奮だった。

やがて、ウワサのジャイアント馬場が出てくる。その時は特別試合で、ジャイアント馬場＆グレート小鹿組VSブルーザー・ブロディ＆ジミー・スヌーカ組というカードだった。いまにして思えば、小鹿さんが当時、帯広でちゃんこ屋をやってたから、その流れで花を持たせたカードだったのかもしれない。

花道に姿を現したジャイアント馬場。ウワサ通りにデカい。さすがに子供を殴りながら入場して来なかったけど、そのデカさには圧倒された。だけど、それよりも俺っちの目がくぎ付けになったのは、対戦相手のブロディのほうだった。

ブロディは小鹿さんと場外乱闘を始めて、俺っちが座ってる椅子のあたりに小鹿さんをスイングしてきた。小鹿さんをフッ飛ばして、吠えるブロディを間近で見て、俺っちはもうイチコロだったね。

頭はプロレスのことばかり

大興奮して家に帰ってきて、「ブロディはすごい、プロレスはすごい」ってなって、それからはもうプロレスのことばかり考えるようになった。

大百科は擦り切れるぐらい読み込んだし、漢字もプロレスで覚えた。

学校の授業で習った漢字っていうのはまったく覚えないくせに、小1で「世界の荒鷲」とか「燃える闘魂」とかを、スラスラ書けるようになった。

プロレス人形を買ってもらって、プロレスラーの絵を描いて、常にプロレスに飢えてるような状態だったね。

ただ、帯広は田舎だから、プロレスの興行は新日本か全日本のどちらかが1年に1回来るかないかぐらい。あとはテレビ中継で見るしかない。新日本プロレス中継の『ワールドプロレスリング』は金曜夜8時にやってたので普通に見れたんだけど、『全日本プロレス中継』は、日曜日の深夜12時半くらいから放送していた。

小1にとって、夜中の12時半なんていったらもう未知の領域だよ。次の日に学校もあるから、そんなに夜更かしもできない。

それでも見たくて見たくてしょうがないから、両親にお願いして「純がそこまで言うなら起きて見てればいいよ」って許しをもらった。

だけどプロレスが始まる12時半まで、山城新伍の『アイ・アイゲーム』とか『すばらしい世界旅行』とか、見たくもない番組を見なきゃいけないわけだよ。『すばらしい世界旅行』は、ゆったりした風景をずっと映したりしてるから、そこで力尽きて寝ちゃうことも多かった。

あと、頑張って起きてて、よし、やっと始まると期待してたらぜんぜん違う番組が流れてきて、何だこれって思ってたら、テロップで「本日の全日本プロレス中継は野球中継延長のため中止となりました」って出てきて、何だよって泣いたりね。そのせいで、ちょっと野球が嫌いになったよ。

新日よりも全日派

そのころは、新日本プロレスがブームで、タイガーマスクの全盛期あたりなんだけど、俺っちは、全日本プロレスのちょっとマイナーな雰囲気が好きだった。

やっぱり、ヒーローよりも怪獣・怪人に惹かれたタイプだから、タイガーマスクとか華やかなレスラーよりも、普段は何してるかわからないような怪しい外国人選手に夢中になっていた。テレビ中継の最後に、次期シリーズ参戦の外国人レスラーの紹介とかがあると、これはヤバいのが来るぞ、って異様にワクワクしていたね。

マイナー好きは、プロレス雑誌の好みにも出てて、俺っちは『週刊プロレス』『週刊ゴング』よりも、『月刊ビッグレスラー』とか、『デラックスプロレス』をよく読んでいた。『デラプロ』には付録でポスターが付いてたから、それ目当てで買って、部屋にテリー・ファンクのポスターを貼ったりしてたね。

それだけプロレスにハマってくると、当然のようにプロレスラーになりたいっていう気持ちも芽生えてきた。

でも、やっぱりガキだから、どうすればプロレスラーになれるかなんて具体的に考えてなかったし、実際に血のにじむようなトレーニングをしなくちゃいけないってことすら知らなかった。

小さい子供が「大きくなったらウルトラマンになりたい」とかそういう感覚で、純粋にプロレスラーになりたいって思ってたんだろうね。

時代はアイドルブーム、最強タッグのポスターが……

転校みたいな形で小学校に入学して、それなりにうまくやってたけど、周りにプロレスファンはいないし、わりと孤独な小学校生活だったかもしれない。

家では絵を描いてるか、プロレスのこと考えてるか。それ以外は、2歳年上の姉ちゃんとずっと一緒だった。

ウチの両親は共働きで、しかも土日まで働いてたから、休みの日はずっと姉ちゃんと一緒に家で留守番みたいなことが多かった。姉ちゃんは俺と違って行動的だったから、いろいろ教えてくれるんだよ。

姉ちゃんが小3くらいの時、世の中がアイドルブームになったんだよ。マッチ、トシちゃん、聖子ちゃんって出てきて、例外なく姉ちゃんもアイドル好きになった。テレビで『ザ・ベストテン』とか『ザ・トップテン』が始まると、ラジカセにテープを入れて、マイクをテレビのスピーカーにくっつけて録音してたね。

そのうち、姉ちゃんが「純もアイドル好きになれ」って言ってきた。俺っちはプロレスにのめり込んでるから「アイドルなんていいよ」って言うんだけど、雑誌をめくりながら「どのコがいい?」って聞いてくるんだよ。

めんどくさくなってきたから、何気なく目についた早見優を「強いて言うなら……」って指さしたら、「よしわかった」と。その翌日、姉ちゃんは帯広の街に行って、早見優がビキニ姿で写ってるでっかいポスターを買ってきて、「純、これプレゼント!」って渡してくる。「いやいや、いらないよ」って言ったんだけど、「いいから貼りな!」って、俺っちが気に入ってた部屋に貼ってた　81年の『全日本プロレス　世界最強タッグ決定リーグ戦』のポスターを剥がして、早見優のビキニのポスター貼られたってことがあったね。

まぁ、それぐらいプロレス好きで、女の子には興味がなかった。でも、ちょっとした初恋というか、ビビッとくることはあったよ。

転校先での初恋

俺っちは、小4の途中で引っ越すことになって、また帯広市内の違う小学校に転校することになったんだよ。

転校初日、みんなの前で先生から「今日からこのクラスになる葛西純くんです」って紹介されて、めちゃくちゃ緊張して。

そういう時って、クラスのみんなが同じ顔に見えるもんなんだけど、そこで、何かひとりだけ光輝いてる女のコがいちばん前の席に座ってるんだよ。

俺っちの目には、マンガで出てくるようなキラキラが付いてるように見えるくらい可愛くて、その瞬間にもうゾッコンになった。

　まぁでも、そのころの俺っちは行動に移すようなタイプではなかったから、ただ見てるだけで何もせずに卒業の日を迎えたんだけどね。

その他大勢

　やっぱり、小学校の時に転校が2回あったせいで、前に出ないというか、要領のいい性格になったと思う。自分からは何も主張しないでクラスの雰囲気に合わせるというか、流れを見て振る舞うようなタイプだったね。ケンカもほとんどしたことない。取っ組み合いになったことなんて、小さいころの2、3回ぐらいしか記憶にないね。

　プロレスラーになってからの俺っちの試合スタイルを見て「葛西は昔は相当悪かった」とか、「小さいころからクレイジーだった」とか想像するかもしれないけど、ぜんぜんそんなことなかった。

　勉強ができるわけでもなければ、飛び抜けてスポーツができるわけでもない。それで不良ってほどの悪さをすることもなかったから、ホントに「その他大勢」というポジションだった。

ただ、絵を描くのは得意だったから、図工の時間はちょっとだけヒーローになることもあった。

葛西は絵が上手いって、みんなが見に集まって来たりね。

絵では何度か賞をもらったことがあるよ。いちばん覚えてるのは、小5の時に、地元の「十勝毎日新聞」っていう新聞で芸能人の似顔絵募集みたいなのがあって、それに研ナオコの似顔絵を描いて応募したら入選したんだよ。

友達も騒ぐし、「純ちゃんすごいね！」って親戚から電話が来たりしてね。

でも、何であの時、研ナオコの絵を描いたのかは、よく覚えてないんだけどさ。

怖い絵禁止令

あとは、ちょっとホラー系というか、不気味な絵もよく描いてたね。

そのころ、怖いマンガが流行ってて、日野日出志先生の『地獄の子守唄』とかをよく読んでたんだよ。

日野先生の絵柄は不気味でえげつないんだけど、妙に心惹かれるものがあって、それをマネて描くわけだよ。

そんな絵ばっかり描いてたら、また母親が心配して「うちの純が血だらけになった人間の絵ばかり描いてるんだけど、大丈夫かしら」って、担任の先生にまで相談しちゃってね。

そしたら先生がホームルームの時に「葛西くんのお母さんが『純が家で血だらけの絵を描いている』と非常に心配してます。なので、学校で葛西くんが血だらけの人間とかを描いてるのを見かけたらやめさせましょう」ってみんなの前で言っちゃって、クラス全員から血だらけの絵を描くのをやめさせられるハメになったこともあったよ。

母親と見た『食人族』の記憶

マンガだけでなく、怖いモノは好きだったね。

当時は、夏休みになると『あなたの知らない世界』という心霊番組がやっていて、それをいつも姉ちゃんと一緒に見てた記憶がある。

あとは、テレビでやってた『悪魔の棲む家』とか、そういうオカルト系の映画を真剣に見てたね。昭和の時代のテレビは、のどかな番組を見てても、いきなりホラー映画のCMが入ってきたりするんだよ。

不気味な音楽で、「えぐる！」「食べる！」「串刺し！」なんて出てきて、これはすごい、この映画を見に行きたい！って訴えて、母ちゃんと一緒に『食人族』を映画館に見に行ったこともあった。小学生にはちょっと刺激が強くて、さすがにちょっと具合悪くなったね。

怖いものは好きだし、不気味なマンガも好きなんだけど、実は俺っち、どちらかというと「血」が苦手なんだよ。

その当時、俺っちがよく読んでたマイナーなプロレス雑誌は、流血した試合とかのセンセーショナルな写真が多くてね。

「木村健吾、メキシコ遠征で血ダルマ！」とかそういう記事を読んで震えてたよ。

髪切りデスマッチで敗れて、血だらけでバリカンで髪を刈られてる木村健吾（現・木村健悟）さんの写真を見て、自分がプロレスラーになってもメキシコにだけは絶対行きたくないなって思ってたね。まぁ、あとにそんなモンじゃ済まないくらいの試合を自分がするようになるんだけど。

近所に轟いた「葛西の姉ちゃんはヤバい」

中学に入っても、俺っちのプロレス熱は冷めることはなかった。

でも、運悪くというか、周りにプロレス友達がいなくて、ひとりでプロレスにのめり込む状況は変わらなかった。

中学ではサッカー部に入った。特にやりたかったわけじゃなく、小学校4年生から課外のサッカークラブに入ってたから、その流れでやってみただけだね。

ウチの地元では、小学生男子が入れるクラブが「サッカー部」か「野球部」しかなくて、どっちをやるかって言われたんだけど、野球は全日本プロレスのテレビ中継の時間を何度もズラされた恨みがあるから、野球はイヤだと。それでサッカーを選んだ。

好きでやってたわけでもなかったから、上手になることもなく、ずっと補欠だった。試合とかにもまったく出れなかった。

それでも練習は厳しかったね。いまみたいにスポーツのトレーニング理論みたいなのがない時代だから、とにかく走り込みをやらされたり、練習中に水を飲むのはご法度！みたいな環境でね。

おかげで持久力はついたような気がする。プロレスラーになってからも、わりとスタミナはあるほうだって言われるんだけど、この時に鍛えたベースが役立ってるのかなっていうのはあるね。

ただ部活でイヤだったのが、先輩・後輩のタテ社会だよね。

当時の俺っちは、流されるタイプだったから、たまに先輩や仲間からイジられることがあってね。練習してて何かヘマをすると、同学年の友達から「おい、葛西しっかりしろよ!」とかドヤされるわけだよ。

そんなことが何回かあったんだけど、ある時いつものようにイジられてたら、サッカー部の先輩がバーっと寄ってきて「おい、オマエら葛西のこといじめるなよ。こいつの姉ちゃん怖いんだから」って、すげぇビビって止めてきたんだよ。

姉ちゃんとは同じ中学で、俺っちが中1の時に姉ちゃんは中3。姉ちゃんは中学入ってからグレ始めて、中3のころにはバリバリのヤンキーになってたんだよ。

もう見た目からして普通じゃなくて、髪の毛はもう黄色になるくらいに脱色してて、長ーいスカートはいて、カバンもぺったんこ。ご近所でも「葛西の姉ちゃんはヤバい」って、知れ渡ってるくらいだった。

姉ちゃんの伝説

俺っちが中2に進級する時に、姉ちゃんは高校に入ったんだけど、入学した初日に高3の先輩と廊下で取っ組み合いのケンカをしたらしい。

それで高1の冬ぐらいでもう学校やめちゃうんだけど、その間際に担任の先生がうちに来て、泣きながら「親御さんから学校やめるように言ってやってください」って訴えてきてね。

何があったのか、恐ろしくて聞けなかったよ。

まぁ、姉ちゃんの名誉のために言っておくけど、いま思えばあのころの姉ちゃんは単なる反抗期で、ハタチを超えるころには落ち着いていった。

いまはちゃんと普通に生活してるよ。そんな筋金入りの姉がいたせいか、俺っちはグレることもなく、静かに中学生活を送ってた。

ちょっとズボンを太くするとかはしたけど、ファッション不良で、悪いこともしなかった。

急にエロに目覚める

とにかく家に帰れば親と姉ちゃんがケンカしてたから、自分が反抗期になる時間がなかったんだよね。

親からも、ちょっと放っておかれてるような感覚はあって、それは少し寂しくもあった。そのぶんひとりでプロレスのことを考えてたね。

ただ、俺っちも中学生くらいになってくると、プロレス以外にも興味が出てくることがあった。中1の冬ぐらいだったかな。急にエロに目覚めたんだよ。

近所のビデオ屋のチラシに載ってたAVのパッケージ写真が気になって、こそこそ集めて眺めたりとか。あとは姉ちゃんが「なんとかティーン」みたいな、女の子の体験談が載ったような雑誌を読んでたから、それをこそっと忍び込んで読んだりね。

でも、だんだん物足りなくなって、とにかくエロ本をゲットしたいという衝動に駆られるようになった。

それで意を決して、休みの日の朝イチに起きて、本屋にエロ本を買いに行ったわけだよ。

でも、まだウブだから、いきなりエロ本コーナーに行けるわけもなく、いろいろと興味のない本とかも見たりして、店内を行ったり来たりしてね。最終的にパッと手に取ったエロ本をプロレス雑誌でサンドイッチしてレジに向かうんだよ。

もう表紙のわずかな情報だけでパッと手に取るから、ハズレを引くこともあってね。そんなことを何回か繰り返してたんだけど、ある日、いつものごとくあんまり見ないで買って、家に帰ってきて、さぁどんなエロ本なんだろうと思って開いてみたら、何か洋ピン系の、すごい巨乳のお姉さんばっかり載ってるやつだったんだよね。

それが強烈すぎたというか、獣みたいな勢いに圧倒されてしまって「俺はなんていうエロ本を買ってしまったんだ」ってすごい罪悪感に駆られてね。

その日の深夜、こっそり家を抜け出して、自転車に乗って遠くの森までそのエロ本を捨てにいったよ。あれも震えるような体験だったね。

入った高校は札付きの不良の巣窟

俺っちの親父は建設業をやっていたから、将来はその会社に入るんだろうなっていうのは、自分も家族も何となくそう思ってた。

勉強はぜんぜんできなかったし、やる気もなかったから、中学を卒業したらもう就職しようと思って、高校受験はしないつもりでいたんだよ。

それでボンヤリ過ごしてたら、担任の先生がシビレを切らして「葛西は高校受験しないのか」って言ってきた。

「親父の建設業を手伝おうと思ってるんで」って答えたら、「いや、オマエはそれでいいかもしれないけど、高校ぐらい出ておけよ」って説得されてね。

それで先生が「オマエの成績でも入れる高校を見つけてきたから試験だけでも受けてみろよ」っていう流れになって、地元の高校の酪農科を受験することになった。

酪農なんてまったく興味がなかったけど、とにかく入試に行ってみたら、周辺のいろんな中学から、勉強できないヤツとか、札付きの不良とかが集まってきてるんだよ。界隈では名が知れていた、中2の時に同級生をナイフで刺して新聞に載ったヤツとかもいたりね。

テストの内容も「アルファベットで自分の名前を書きなさい」とか、そんなレベル。

解答に迷ってたら先生が来て「ここはこうだよ」って答えを教えてくれたりして、さすがにヤベーなって思ったけど、結果は見事に合格。俺っちは家から電車で1時間近くも離れたところにある高校の酪農科に通うことになった。

鶏をシメる実習

酪農科っていうのは、とにかく朝が早いんだよ。

校舎から山のほうへ入っていくと学校の実習農場があって、そこで牛の世話したり、乳しぼりをしたりね。サイレージっていう、牧草を詰めて発酵させたものを作ったりとか、様々な実習があった。

家畜もたくさん飼ってたんだけど、クリスマスシーズンになると、恒例行事として「鶏をシメる実習」というのがあるんだよ。

それまで可愛がって育ててた鶏を、農場の広場みたいなところに連れて来るんだけど、ヤツらも何かを察したのか必死で逃げ回るんだよ。

もう生きるか死ぬかっていう覚悟で逃げる鶏をようやく捕まえると、急におとなしくなって、死を覚悟したかのように目をつむるんだよ。

「ひと思いにやってくれ……」みたいな雰囲気でね。それで鎌で首の頸動脈を切って、ぶら下げて、血抜きをする。

やっぱり気持ちのいいものじゃないよ。それで毛をむしって、肛門をダイヤ形に切ってそこから手を突っ込んで内臓を取り出して、最終的には燻製にして、食べた。

まぁ、教科書では学べない勉強をたくさんさせてもらったよ。

小島聡のデビュー戦を見る

酪農科は不良の集まりみたいな雰囲気だったけど、ケンカとかはほとんどなかった。クラスは40人くらいいたけど、女子は3人だけで、ほとんど男子校みたいな雰囲気だった。

俺っちは当然のように女っ気はなかったんだけど、周りの不良とかはそれなりに普通科の女子と付き合ったりたりして、一緒に手をつないで駅まで歩いて帰ったりしていた。

それを眺めながら、悔し紛れに「俺っちはそんな淡い青春時代を過ごすタマじゃねぇ！」と一念発起して、高1の秋に柔道部に入ることにした。

別に柔道がやりたかったわけじゃない。何か体を動かしたいなって思ってた時に、柔道部の部室にベンチプレスの台があるのをチラッと見たんだよ。他にもちょっとしたウエイトトレーニングの器具もいくつかあった。

当時、プロレス雑誌で全日本の三沢光晴さんとか川田利明さんとかがベンチプレスやってる写真とかをよく見てたから、「プロレスラーが練習してる器具が柔道部の部室にある！」と興奮してね。あれで体を鍛えてみたいという、その一心で帯を締めることにしたんだよ。

柔道部は、俺っちが入った時点で部員が5人くらいしかいなかったから、ほとんど実体のないようなものだった。

先生も教えに来ないし、コーチもいない。先輩たちが卒業していったらもう何でもアリで、俺っちは部室の壁に三沢さんと川田さんのポスターを貼って、ひたすらウエイトするっていう活動に精を出していた。

投げの練習をする時に使う、運動用マットをまとめて縛っただけのダミーがあったんだけど、それにジャーマンスープレックスをかけたり、ローリングソバットをカマしたり……。ちょっとしたプロレス同好会みたいなノリだったかもしれない。

そのころはプロレス友達もできてたから、帯広で開催されるプロレス興行は団体問わず何でも見に行ってた。高2の時に、新日本プロレスが帯広に来て、友達を誘って見に行った。会場の入り口あたりにすごい体のできた練習生が動き回ってて、やっぱり新日はレベルが高いなって思ってたら、第一試合でその練習生が出てきて「本日デビュー戦の小島聡選手です！」ってコールされた。

運良く、小島聡さんのデビュー戦を目撃することができたんだけど、やっぱり本物のプロレスラーと自分の「差」を感じるようにもなっていた。

U系の試合も見るようになる

俺っちの身長は170センチちょいで止まりそうだったし、体重も55キロくらいしかなかった。

「ウエイト部」の活動でそこそこ筋肉はついてたけど、ガリガリだし、そんな体の人間がプロレスラーになれるはずがないと思ってた。ちょうどそのころ、ＵＷＦがリングス、Ｕインター、藤原組に分かれた時期で、俺っちはＵ系の試合もよく見るようになってた。

柔道部の顧問の先生がＷＯＷＯＷに入ってることを突き止めて、「リングスを録画してくれ」って頼んで、ビデオを借りたりしてね。

それで『週プロ』『週ゴン』だけでなく、『格闘技通信』も買うようになって、プロレスだけじゃなく、キックボクシングとかシューティングとかにも興味を持つようになった。

格闘技なら中量級もあるし、この身長でもやれるかもしれないって思い始めたんだ。

俺っちが高校卒業するころは、バブルが終わるか終わらないかくらいの時期で、フリーターというのがすごくもてはやされていた。

それで何となく、高校卒業したら上京して、フリーターやりながら格闘技のプロを目指そうって考えるようになった。

だったら、その前に自分の武器を作っておきたい。

熟考した結果、俺っちの特技は「絵」だなと思い立って、『格通』の読者ページのイラストコーナーに〝サル・ザ・マン〟というペンネームでイラストをバンバン投稿しまくった。

イラストは何度も掲載されるようになって、『格通』の中で〃サル・ザ・マン〃は、常連というか、いわゆる「ハガキ職人」みたいな存在になることができた。

これは、俺っちが上京して格闘技でプロになった時に、「あの〃サル・ザ・マン〃がデビュー！」って話題になればいいなっていう、壮大なプロモーション計画だったんだよ。

© 葛西純

CRAZY MONKEY JUN KASAI

第二章

プロレスラーを目指し上京

現・ALSOKに入社

高3になって、友達にも親にも内緒でそんなことをしてたら、先生が「葛西は卒業したら何するんだ?」って聞いてきた。

中学時代とほぼ同じパターンで、同級生が進学や就職を決めていく中、俺っちは何もしてなかった。

それで先生に「上京して、フリーターになって、格闘技やる」って考えてたことを伝えたら、「いやいや、もうそんな時代じゃない。ちゃんと就職しないとヤバいぞ」ってことになって、「オマエに合った就職先を探してやるからとりあえず受けるだけ受けろ」と言われて紹介されたのが、東京に本社がある「綜合警備保障株式会社」、いまはALSOKっていうブランドになってる警備会社だった。

試しに受けてみたら、見事に合格。俺っちは東京でガードマンをすることになった。

俺っちが上京することに対して、ウチの両親は「まぁちょっと行ってくれば」くらいの感覚だった。

それに、このころは、あの不良だった姉ちゃんが結婚して子供を生んでたから、親としてはもできたし、純は東京で好きなことしてきなよという気分だったのかもしれない。

俺っちは、新宿にあるコンピューター会社のビルの警備隊に配属された。研修では走ったりとかもしてたけど、警備員ていうのは肉体的に強くなきゃいけないということはなくて、どちらかといえば精神論の世界。

デカい声出せとか、ルールをしっかり守れとか、そういうことを叩き込まれた。

ボディビルのジムに通い始める

会社の寮が、川崎の鷺沼というところにあって、俺っちは寮生活をすることになった。ひとり1部屋だけど、けっこう大きい寮で、当然のように男ばっかり。

またしても女っ気はゼロ。まぁ俺っちからしたら、格闘技をやるために上京してきたっていう頭があったんで、ひとしきり仕事に慣れたら、寮の近くに格闘技ジムはないかなって、いろいろ探し回ってリサーチを始めた。

『格通』を読んでたら、シューティングの鷺沼ジムっていうのがあるっていうのがわかったんだけど、けっこう遠くだったんで、これは通うのは難しいかな、なんてあれこれやっているうちに月日だけが経って、結局何も見つけられない。

それならとりあえず体だけでも鍛えておこうと思って、寮から歩いて5分くらいのところにあったボディビルのジムに通うことにした。

入ってみたら、けっこう老舗のジムで、ウエイトトレーニングを基礎からキッチリ教えてくれた。

高校時代は独学で、見よう見まねでやってたけど、トレーナーが付いて本格的に鍛え始めたら、もう面白いくらいにどんどん体がデッカクなっていってね。

そうなるとちょっと欲も出てきた。

東京に来ていろんな会場に行けるようになって、できたばかりのインディーズ団体なんかも見に行くようになってた。

そんな団体だと、自分と身長がほとんど変わらない選手が試合をしてたり、自分よりも体が小さいんじゃないかという練習生がゴロゴロいる。

それを間近で見てたら、これはひょっとして、俺っちもプロレスいけるんじゃねぇかって思い始めたんだよ。

でも、仕事も忙しかったし、女っ気はないけど同僚たちと過ごすのも楽しくて、だんだん日常に埋もれていくという感覚もあった。

田舎から夢見て出てきた少年が、都会の喧騒の中に紛れて目的を失い、誘惑に負けていくっていうパターンにハマっていくんだよ……。

歓楽街の近くの寮に移ったことが……。

パンプアップしてから風俗に向かう

上京して1年は鷺沼の寮にいたんだけど、次に京王線の「井の頭公園駅」の近くにあった寮に移ることになった。

そこは吉祥寺が近くて、歓楽街もあるから、いわゆる夜の誘惑が強いわけだよ。

仕事以外の時間は、趣味もないからジムで体を鍛えてるくらい。寮に住んでるからカネも使わない。若さがあって、健全な肉体があって、カネも時間もある……。そりゃ風俗に行くしかないよ。

最初は同僚と行ってたんだけど、だんだんひとりでも風俗通いをするようになった。

休みの日は、飲みにも行かないで、ひたすら風俗。

その日は必ずジムへ行ってトレーニングして、筋肉をパンパンにさせてからお店に向かうっていう謎のルーティーンを自分に課していた。

同じころ、吉祥寺に元力士でプロレスラーとしても活躍されていた維新力さんが「どりんくばぁー」というお店を出したんだよ。

プロレスファンとして通うようになって、そのうち維新力さんにも名前と顔を覚えてもらうようになった。

そんな時、ちょろっと「プロレスラーになりたい」っていう話をしたら、維新力さんが「葛西君、プロレス好きならその体はもったいないよ。入門テストだけでも受けてみたほうがいいよ」って言ってくれてね。

俺っちはずっとプロレスラーになりたかったのに、何となく諦めてた。それで格闘技でプロになろうと思って上京してきたのに、今じゃ風俗に通うために生きてるようなモンじゃねぇか……。

そんなこと考えて悶々と仕事をしていたある日、警備隊の待機室にあった『ホットドッグ・プレス』という雑誌をパラパラ見てたら「君は大丈夫？　ＨＩＶチェック」みたいな記事があった。

　それを何気なく読んでみたら、ことごとく自分に当てはまるんだよ。

「最近、免疫が落ちてきたと感じる?」……イエス、「風邪をひきやすくなった?」……イエス、「不特定多数の人と性交渉してる?」……イエス、「外国人と性交渉したことがある?」……イエス。20項目くらいあったリストのほとんどがイエス。待てよ。最近体もダルいし、気持ちも優れない。

　様々な国の様々な女性と性交渉もしまくっている。これはヤバい、俺っちの人生終わったな、と思ったんだよ。

HIVの検査とレスラーへの決意

　上京して、プロレスラーか格闘家になるという夢を忘れかけてしまった俺っちは、風俗通いをしたあげく、HIVに感染したんじゃないかと思い詰めていた。

　居ても立ってもいられなくなって調べたら、新宿の南口に無料でHIV検査を受けられる機関があるというのを突き止めた。

さっそく検査を受けに行って、血液を採取して、さあ、どっちなんだと。どんな結果が出ても受け入れる、と覚悟してたら「検査の結果は10日後です」と言われた。

すぐ結果がわかると思ってたからガクンときたけど、そこからの10日間が本当に地獄だった。

これはやっぱり感染してるんじゃないか。だったら、俺っちの人生は何だったのか。自問自答したあげく、じゃあ、これで陰性だったら、本当に自分のやりたかったことをやろう。今やっているガードマンの仕事を辞めて、プロレスの入門テストを受けようと決意した。

10日経って、すぐに聞きに行ったら結果は陰性だった。

ホッとすると同時に、気持ちも固まってたんで、それから3日後に辞表を出して会社をやめた。

退職金がいくらかもらえたんで、それをもとに一度、体をつくり直そうと思って、帯広に帰ることにした。

プロレスラーを目指すはずが……

家族にもプロレスラーになるため体を鍛えると宣言して、実家から車で30分ほど離れた場所にある帯広市総合体育館に通ってウエイトトレーニングを始めた。

その施設には、趣味で体を鍛えてるオジサンたちがいたんだけど、最初は俺っちのことを「いきなりウチらのテリトリーに来てガンガン鍛えてるコイツは何だ?」っていう目で見てくるわけだよ。

そこで俺っちが「プロレスラーを志して鍛えてるんです!」って近寄っていったら、「そうか!　だったら今度焼き肉でも食わせてやるよ!」って応援してくれるようになってね。

それからそこのオジサンたちとよくメシを食いに行くようになった。

田舎とはいえ、他にも誘惑はいろいろあって、中学・高校時代の同級生と久しぶりに再会して飲み歩いたり、新たな地元の仲間ができたり……。

そんな生活がそれなりに居心地が良くて、鍛えたり、飲んだりしてるうちにダラダラと1年くらい過ごしてしまった。そうしたらウチの親父から「オマエはプロレスラーになりたくてガードマンの仕事やめて帰ってきたんだろ。ただ飲み歩いてるだけじゃねぇか！」って怒られて、ハッと目が覚めたんだよ。

これは行動に移さないといかん。

ようやく、どこのプロレス団体に行けばいいかを真剣に考え始めた。ウチの親父は一緒にプロレスを見てると、「いまのキックは当たってねえよ」とか「そんなに痛くないだろ」とヤジるような、イヤなタイプのファンだったんだよ。

それなら俺っちは、親父にそういうことを言わせないような、痛みの伝わるプロレスをやりたいと思った。

格闘探偵団バトラーツに履歴書を送るも……

そこで俺っちが出した結論は格闘探偵団バトラーツだった。

当時、数あるプロレス団体の中でもバトラーツは、気合の入ったバチバチスタイルで名を馳せていたからね。

さっそく履歴書を書いて、バトラーツに送ってみた。なぜかその時に「作文も書いて送れ」みたいな条件があって、「自分がプロレスラーになったら」というテーマの文章を長々と書いたんだけど、結果は不合格。

これはまずい。やっぱり、俺っちみたいな体格の人間がプロレスラーになるなら、普通のことをしてちゃダメだ。

団体の人間から「こいつ普通じゃねえな」と思われるようなことをしなきゃいかんと思ったんだよ。履歴書を書いて送っても無駄、とにかく行動しかない、と思って、底を尽きかけてた退職金の残りで往復の航空券チケットを買って、とりあえず東京に行こうと。

何のアテもなかったけど、どこかの団体の道場に押しかけてでも入門テストを受けようと思ったんだよ。

東京に着いたら、とりあえず歌舞伎町にあるカプセルホテルに泊まることにした。でも、カプセルホテルは昼間追い出されるから、そのまま新宿を彷徨いつつ、西口の新宿中央公園にたどり着いた。

ベンチで横になりながら『週プロ』を読んでたら、明日、大日本プロレスが後楽園で試合をやるということがわかった。

大日本プロレスと言えばデスマッチ。

バトラーツとはスタイルが違うけど、痛みの伝わるプロレスということなら、あれは誰がどう見ても痛い。

親父を黙らせるにはうってつけだなと思って、近くの公衆電話に行って、『週プロ』に載ってた大日本プロレスの事務所の番号に電話をかけた。

「はい、大日本プロレスです」と、いま思えば、その時、電話に出たのは登坂栄児だと思うんだけど、その電話口の人に向かって「入門テストを受けたくて北海道から上京してきました。明日、後楽園ホールの大会前に入門テストを受けさせてくれないでしょうか」ってストレートにお願いしたんだよ。

かなりハタ迷惑な話なんだけど、不思議と「いいですよ。じゃあ明日の16時くらいにリングの設営が終わるので、そのくらいに後楽園ホールに来てください」って言われて、素直に翌日に入門テストを受けに行った。

後楽園ホールで行われた入門テスト

いまでも思い出すよ。まだお客さんが入ってない後楽園ホールに、リングが組み上がってたね。試験官は当時の大日本で一番下っ端だった、越後雪之丞という選手。テストのメニューはスクワット500回、ジャンピングスクワット50回5セット、それにプッシュアップ、腹筋、背筋、あとブリッジ3分だったかな？　ブリッジターンもやったかもしれない。

予想以上に正統派な、バリバリの入門テストだったけど、ヘトヘトになりながらもぜんぶこなすことができた。自分の中ではテストをクリアしたからこれは合格だろうと思ったら、奥から山川竜司さんが出てきて「オマエは年もいってるし、背も小さいから無理だと思うけどな……。まぁ、合格か不合格かについてはあとで連絡するから」と言われた。

ここでも結果はすぐに出なかった。それで「今日は試合を見て帰りなさい」と言われて、客席で試合を観戦した。実は大日本プロレスを見るのは、それが初めてだった。

確か、セミファイナルで山川竜司&田尻義博（現・ＴＡＪＩＲＩ）組ＶＳ藤田穣（現・

藤田ミノル）&本間朋晃組という試合があって、藤田さんが田尻さんに勝った。

メインは、ザ・グレート・ポーゴ（ミスター・ポーゴ）&シャドウWX&シャドウ・ウインガー（現・ジ・ウインガー）組VS松永光弘&中牧昭二&ジェイソン・ザ・テリブル組のサボテンデスマッチだった（1998年3月25日・後楽園ホール）。それから何日か東京にいたけど、とりあえず、テストも受けたし、目的は果たしたということで、帯広に帰ることにした。

母と交わした「5年」の約束

テストのメニューもこなせたから、もう受かった気でいたんだけど、待てど暮らせど連絡が来ない。そのまま2カ月くらい経っても連絡が来ないから、事務所に電話して合否を聞いてみようかなと思ってたところに、すごいタイミングで大日本プロレスが帯広に巡業に来ることがわかった。

これは電話よりも、直接会場に行って聞くしかないな、と思って、とりあえずチケットを買って、帯広市総合体育館に向かったわけだよ。

受付に小鹿さんがいたから、恐る恐る「2カ月前に後楽園でテストを受けた者なんですけど……」って言ったら、小鹿さんがキョトンとしてね。

これは話が伝わってないな、と思ってたら山川さんを呼んでくれた。

奥から出てきた山川さんは、俺っちを見て「オマエ……あの時の……！」って顔をしてね。

それで「結局、俺はどうなったんでしょうか」って聞いたら、山川さんが例の口調で「わりぃな！　実は、オマエの履歴書なくしちゃってな……、連絡取れなかったんだよ。まぁ、合格だよ、合格！」と。

この2カ月間は何だったんだとズッコケたけど、小鹿さんから「もう明日からでもいいぞ。オメエのタイミングで、布団担いで道場来い！」って言われて、それから1週間後くらいに上京。

俺っちは大日本プロレスに入門して、寮生活を送ることになった。

母親からは「5年やって芽が出なかったら帰って来なさいよ」と言われてた。

俺っちは23歳になってたけど、体は鍛えてたからイケイケだったし、パワーだけなら誰にも負けないくらいの気持ちだった。

© 葛西純

CRAZY MONKEY JUN KASAI

第三章

大日本プロレス入団

そのころの大日本プロレス

雨が降る中、大日本プロレスの道場があるJR横浜線・鴨居駅に降り立ったんだけど、場所がわからなくてね。駅前の交番で道を教えてもらって、迷子になりながら40分くらいかけてたどり着いた。

道場っていっても、倉庫みたいな建物で、デカいシャッターを開けて入ったら、リングはあるけど、薄暗くて、洗濯物が干してあったりして、何だか陰気な雰囲気だった。自分が想像していたプロレス団体の道場とは相当違うなって思った。

入り口に突っ立ってたら、階段から練習生が降りてきて、「これからよろしく。一緒に頑張ってプロになろう!」って、うれしそうに出迎えてくれた。

その練習生は俺っちより1カ月くらい前に入ったらしいんだけど、この数カ月後、残念ながら辞めてしまった。いまは九州のほうで接骨院を何軒も経営している実業家になってる。

道場の2階には寝泊まりするスペースがあって、そこが新弟子たちの寮になっていた。そのころ寮に住んでいたのは、藤田さん、本間さん、小林洋輔(現・アブドーラ・小林)、越後雪之丞。あとは山川さんもいたみたいだけど、そろそろ道場を出てひとり暮らしを始めるという時期だった。

実は、このころの大日本プロレスはケンドー・ナガサキさんが、ケンカ別れみたいな形で離脱して結構な騒ぎになっていた。それと並行して、田尻さんも、勝手に外国に行っちゃたみたいで、団体としては不安定な時期だった。

でも、俺っちはイケイケだったから、だれが辞めても、俺がこの団体を立て直してやるくらいに思ってた。

恵まれた道場生活

寮での生活は、朝8時には起きて、合同練習を朝10時から昼の1時まで3時間みっちりやる。

当時、練習を仕切っていたのは本間さんだった。本間さんはアニマル浜口ジム出身で、とにかく練習好きで、厳しかったね。

合同練習が終わったら、ちゃんこを作って、食い終わったら掃除に洗濯なんかしてたらもう夕方。それから近所のスーパーにちゃんこの買い出しに行って、仕込みが終わったらウエイトをやって、夜中の10時くらいにまたみんなでちゃんこ食べて。

それで風呂入ったりしてたら、あっという間に深夜になって2時くらいに就寝。そんな毎日を送ってた。

練習は本当に厳しかったけど、不思議なことに居心地は良かった。

本間さんにしろ、藤田さんも小林も、俺っちにしてみれば「年下の先輩」になるんだけど、理不尽なイジメとかは一切なくて、練習の時以外は友達感覚で接してくれた。

いちばんキツかったのは、合同練習をみっちりやって、「もう動けません、ヘトヘトです」っていうころに、それまでウエイトばっかりやっていた山川さんがリングに上がってきて、「よし！　オマエらシュートの練習だ！」って、ヘロヘロの俺っちたちに対して、片っ端から関節を決めていくことがあって、そりゃないよって思ったね。

でも、あのころの大日本じゃなかったら、俺っちはプロレスラーとして一人前になれなかったし、人にも環境にもすごく恵まれていたと思う。

同じころに入った練習生が3人いて、同期、といえるのは俺っちを含めた4人。8月に入ったころ、小鹿さんが「オマエら盆休みなんだから田舎帰ってええんやぞ」って言いだして、俺っち以外の3人は「ありがとうございます！」と田舎に帰ってしまった。「葛西は帰らないのか」って聞かれたけど、「自分はプロレスラーとして一人前になるまで帰りません」と言い切って、そこで褒められると思ったら「そうか。だったらメキシカンの世話頼むな」って言われて、みんなが田舎に帰ってる時に、俺っちだけメキシコから来てたファンタスティックの飯を作ったりしてたね。

俺っちもちゃんと食べてたんだけど、入門した時に93キロあった体重が、練習のキツさと猛暑のせいで、80キロくらいまで激ヤセしていった。

そんなころに、山川さんから「大阪の鶴見緑地公園大会でデビューさせるから」と唐突に言われた。

入門して、まぁ2カ月くらい。道場ではバンプ（受け身）しかやってないし、技なんて何も教わってない。それでも俺っちは、デビューするってことはプロレスラーになれるっていうことだから、早いに越したことはないって覚悟を決めたんだけど、同期のひとりが「何もできない。どうしよう」ってパニックになって、大阪へ向かう日に夜逃げをしてしまった。

結局、大阪では同期3人がデビューすることになった。

デビュー戦でとっさに出た技

1998年8月23日、大阪の鶴見緑地公園は屋外の会場で、俺っちは売店で飲み物を売る係をやっていた。太陽が照りつける中、その辺のディスカウントストアから仕入れてきたジュースを、3倍くらいの値段で「冷えてますよ〜」とか言いながら売ってたら、「それではただいまより新人のデビュー戦、エキシビションマッチ10分1本勝負を行います!」「赤コーナーより葛西純選手の入場です」というアナウンスが響きわたった。

うわ、もう出番だ!と察した俺っちは、「よっしゃーっ!」て叫んで、Tシャツ脱いで、ジュース売り場からそのままリングに向かった。

記念すべきデビュー戦だったけど、試合内容はほとんど覚えてない。照りつける太陽でリングがめちゃくちゃ熱かったことと、5分くらいでなぜか「膝十字固め」を決めてギブアップ勝ちをしたことだけは覚えている。何も教えてもらってないのに、技が出たのが自分でも驚きだった。

大阪のデビュー戦で勝利を飾ってから、そのまま巡業で試合を重ねていったんだけど、相手は同期ばっかりだったせいもあって、連戦連勝。

自分がビル・ゴールドバーグになったような気分だったんだけど、岡山県卸センターオレンジホールという会場で、初めて先輩レスラーと試合をすることになった。

相手は、いまK－ness.として活躍されている方で、当時は素顔だった。

もうぜんぜん違った。ボコボコのボロクソにやられて、張り手を食らって奥歯が折れて吹っ飛んだ。当然のようにその試合は負けたんだけど、先輩からボコボコにされて、初めてプロレスラーになったという実感を得た。

練習と試合は厳しかったけど、それ以外は本当に居心地が良かった。

当時、道場に住んでいた、本間さん、藤田さん、小林とは上下関係じゃなくて、横でつながっている感覚があった。

もちろん練習中は厳しかったんだけど、変なタテ社会みたいなことはなかった。深夜になると、本間さんが「これから夜練行くぞ！」って宣伝カーに乗って、みんなで近所の家系ラーメンを食べに行ったりね。そんな時はプロレスの話はしないで、くだらないバカ話ばかりしていた。

伊東竜二の入門

いつの間にか自分の同期はみんな辞めてしまい、新人は俺っちだけみたいなころに、ヒョロッヒョロのメガネをかけた、真面目そうなモヤシっ子が入門テストを受けに来た。道場で、山川さんにスクワット500回って言われて、黙々とスクワットをこなしている姿を覚えている。晴れて入門を果たすことになった、このモヤシっ子の名前は、伊東竜二といった。

伊東と俺っちは、デビューは半年くらい違うんだけど、入門に関しては2カ月くらいしか違わない。伊東は頭がいいから、雑用でも何でもソツなくこなす。運動神経もいいし、飲み込みも早いから、山川さんからは「伊東に比べて葛西はセンスがないな」とよく言われていた。

山川さんは伊東のことを気に入っていて、背もあるし、当時はオタクみたいな風貌だったけど、磨けばそれなりにシュッとするんじゃないかってすごく期待していた。俺っちは自分自身が日々を過ごすだけで精いっぱいだったから、まだ伊東のことをライバルとして意識するなんてことはなかった。

たった1度だけプロレスを辞めようと思った

新人時代、プロレスに関して心が折れるようなことはなかったんだけど、1度だけ「辞めようかな……」って思った出来事があった。

デビュー間もない、10月か11月くらい。大日本プロレス名物の北海道巡業があって、けっこうな連戦だった。

釧路で試合をして、苫小牧だか小樽だかのフェリー乗り場を目指して、俺っちたちは宣伝カーに乗って移動していた。運転は俺っちで、助手席に藤田さん。後ろの席にまだ入門して間もない伊東と、当時のリングアナの鈴木が乗っていて、その後ろの荷台に本間さんが寝転がっていた。まだ冬本番前だからか、その宣伝カーはノーマルタイヤで、日勝峠という山道を一生懸命走ってたんだけど、だんだん雪が降りだして、気がついたら吹雪になっていた。

ノーマルタイヤだし、やべーなと思いながらも前に進むしかないから、スピードを遅くしながら山を登って行ったら、横風がバンッと吹いて、車ごと持っていかれて、道路は道路でアイスバーンなんでそのままスピンして、対向車線のガードレールにバコーン！と、ぶつかってしまった。

まぁ、けっこうな事故だよ。

いまでも鮮明に覚えてるけど、スピンしてる間はスローモーションみたいな感覚になって、助手席の藤田さんがバッと起きて「マッサン何やってるの～？」って叫んだ。当時の俺っちはムキムキのマッスルボディだったから、マッサンって呼ばれてたんだよね。ガードレールにぶつかってから本間さんも飛び起きて、「どうした！」と、まだガラガラしてない声で叫んだ。

「本間さんすいません、事故っちゃいました……」って謝ったら、「起きちゃったものは仕方ねえよ」って落ち着いて話してくれた。

クルマの中で、とりあえず警察を呼ぼうと相談してたら、対向車線からトラックがブワーッと走ってきて、俺らの事故ったクルマを見てブレーキかけたんだけど止まらなくて、結局ウチらのクルマに派手にバコーンとぶつかってしまった。

うわあってみんなで飛び出して、寒い中外に出てブルブル震えながら警察が来るのを待った。

宣伝カーは当然のことながら廃車。小鹿さんはもうカンカンなわけだよ。俺っちは

「やっちゃったな」と思ったけど、怒られるのは本間さんばかりで、なぜか俺っちはとがめられなかった。

でも、自分の中ではクルマを1台廃車にしたっていう気持ちがあるんで、その日の夜に本間さんに「責任取って辞めます」って言ったんだ。

そしたら本間さんは「んなもんノーマルタイヤで北海道走らせる会社が悪いんだよ。葛西が責任感じることなんてないよ」。「せっかくプロになったんだから、こんなことでやめるな。これからもっとツラいことあるんだから、こんなことでプロレスラーの道諦めるんじゃねえよ」って言ってくれて、それで救われた。

本間さん本人は、そんなこと覚えてないって言うだろうけど。

まぁ、あの時、クルマがそのままガードレールを飛び越えて谷底にでも落ちてたら、日本のプロレス史に葛西純、本間朋晃、藤田ミノル、伊東竜二の名前は刻まれなかったかもしれないね。

© 葛西純

CRAZY MONKEY JUN KASAI

第四章

デスマッチデビューと結婚

どうしてもデスマッチがやりたかった

俺っちが入門してデビューしたころ、大日本プロレスのエースとして活躍していたミスター・ポーゴさんと中牧昭二さんが離脱した。

そのあとに「デスマッチ新世代」と呼ばれた、本間さん、シャドウWXさん、山川さん、ウインガーさんが台頭して、新たなスタイルのデスマッチを作り上げていた時代だった。

俺っちは、大日本プロレスでデビューしたからには、いつかはデスマッチをやるものだと思っていた。

そもそも、どんなタイプのお客さんにも有無を言わせない、痛みの伝わるような試合をしたいという想いがあったからね。その気持ちは、連日連夜セコンドについて、間近でデスマッチを見ても変わらなかった。

デスマッチアイテムを作るのは下っ端の仕事で、よく伊東と一緒に有刺鉄線ボードや蛍光灯ボードを作ったりしていたけど、それでも恐怖感はなかったし、「いつになったら俺もデスマッチやらせてもらえるんだろう」と思っていた。

ただ、当時の自分はデビューはしたけど、第一試合に出ては負け続けてるだけ。そんな結果も何も残してない人間が「俺にもデスマッチやらせてください！」なんて、口が裂けても言えない雰囲気だった。

本間さんや、シャドウWXさんにメシに連れて行ってもらった時に「葛西はデスマッチやりたいのか？」って聞かれることがあって、そこで「やりたいです！」と答えてはいた。たぶん、それがいつのまにか会社に伝わって、俺っちはようやくデスマッチデビューできることになった。

逆に、伊東は「デスマッチはしない」とハッキリ言っていたと思う。時期は前後するけど、俺っちはそんな伊東のデビュー戦の相手を務めている。

伊東は気は利かないけど、仕事はすぐに覚えるし、練習でも教えられたことは何でもできるから、先輩たちから気に入られていた。ほぼ同期みたいなものなんだけど、真逆のタイプだなと思っていた。

ただ、身長があるぶん、体が細かったから、山川さんから「こんなガリガリ、リングに上げるな！」って言われ続けてデビューが遅れていて、ようやく組まれた初試合の相手が俺っちだった。

試合内容はあんまり覚えてないんだけど、こっちはいつもの第一試合みたいな感覚で、普通に勝ったと思う。伊東はデスマッチをやらないということもあって、俺っちとしてはライバルとも思ってなかったし、やがてコーナーの向こう側に立つ人間という認識すらなかった。

デスマッチデビュー

葛西純、待望のデスマッチデビューは、１９９９年10月17日、後楽園ホール大会の休憩前に組まれた、あまり注目されてない試合だった。

俺っちがウインガーさんと組んで、松永光弘&山川竜司組に挑むという図式だったんだけど、ハッキリ言って、このカードが発表された時は、試合形式もハッキリしてないし、お客さんの誰ひとりとして期待してなかったと思う。

どうせ葛西っていう新人が普通にやられて負けるんでしょって、誰もが予想していた。でも俺っちは、せっかくデスマッチデビューするんだから、何か爪痕を残してやろうと思ってワクワクしてたし、実際に試合開始まで楽しみでしょうがなかった。

とはいえ、俺っちの武器は、若さと勢いしかない。ガムシャラに挑んだけど、すぐ返り討ちにあって、もうボッコボコにされた。

松永さんと山川さんが相手だから、それは当たり前なんだけど、こんなにも差があるのかと思うほど何にも通用しなくて、見事に半殺しにされた。でも、その俺っちのやられっぷりが良かったのか、後楽園ホールのお客さんがこの試合でドッカンドッカン沸いてくれたんだよ。

試合には負けたけど、俺っちがいちばんインパクトを残したという手応えはあった。そのことがうれしくて、試合後に思わず涙が出てきた。

お客さんから見たら、あの葛西とかいう新人は、ボコボコにされて、血だるまになって、痛くて、悔しくて泣いてるんだろうっていう感じで受け止めたと思うけど、自分の中では「ようやく求めていた試合ができた」っていううれしさで泣いていた。あの時に感じた気持ちは、いまも忘れていない。

この試合を境にして、会社の評価もちょっと変わってきた。それに、松永さんが俺っちのことをえらく気に入ってくれた。それまでは、まともに話したこともないというか、雲の上の存在だったけど、このころからいろいろとアドバイスをくれるようになった。

K－1のリングで流血

いま考えても、何でそんなことになったのかわからないんだけど、松永さんが2000年3月19日にK－1で試合することになった。

相手はグレート草津さんで、会場はなんと横浜アリーナ。

その練習をするため、松永さんは何度か鴨居の道場に来ていた。伊東がボクシングで国体出てるから、打撃の練習相手になると思ったみたいで、グローブをはめてリングでスパーリングしていた姿を覚えている。

その試合に、なぜだか俺っちもセコンドで呼ばれた。あとセコンド陣には小鹿さんと、伊東、関本大介。

試合はゴングと同時に松永さんがグレート草津さんにボコられて、30秒くらいで小鹿さんがタオルを投げてTKO負けになった。俺っちはセコンドだから、試合が終わったらすぐにリングに上がって駆け寄ったんだけど、松永さんは錯乱していて、「勝手に試合を止めるな！」って、なぜか俺っちが食らわされた。

タオル投げたの小鹿さんなんだけど……と思ったけど、気づいたら俺っちはK－1

のリングで流血してたんだ。この一件で、俺っちと松永さんに因縁ができて、大日本プロレスのリングで連戦が組まれることになった。

結果的には、この一連の抗争が葛西純というレスラーが飛躍するキッカケにはなったんだけど、その最終決着戦がなんと「ファイヤーデスマッチ」で行われることになった。

ファイヤーデスマッチ

2000年5月3日、場所は秋葉原「昭和通り口前広場」の特設リング。当時の秋葉原は再開発の真っただ中で、巨大な空き地がいくつもあったから、その一つを会場に仕立てたというわけだ。

とはいえ、大日本プロレスとしてはかなりのビッグマッチ。しかも、何が起こるかわからないファイヤーデスマッチだ。

ファイヤーデスマッチは、何度も経験があるけど、難しい試合形式なんだよ。状況によって、こっちが思ってる以上に火が燃え盛る場合もあるし、逆にぜんぜん火が付かない時もある。風に煽られたら火の動きは読めないし、受け身の取りようがない。

それに、この時はファイヤーがどうこうっていうよりも、キャリアまだ1年ちょっとの自分が、松永さん相手に、しかもシングルマッチでメインを務めるっていうプレッシャーのほうがすごかった。さすがに緊張して、試合前は何日も前から寝られなかった。見かねた本間さんが声をかけてくれて、何かアドバイスでもくれるのかと思ったら、「そんなもん、やるしかねえだろ!」って一喝されたよ。

とにかく、その「やるしかねぇ」って気持ちで試合に挑んだけど、結果は惨敗。だけど、お客さんがめちゃくちゃ入ったことがうれしかったし、デスマッチの熱というものを肌で感じることができた。

これでしばらくファイヤーデスマッチはやらないと思ってたけど、この3カ月後に、さらに熱く狂った炎の海を経験することになるとは……。

CZW(コンバット・ゾーン・レスリング)来襲

ヤツらを初めて見たのは、画像の粗いビデオだった。

大日本の道場に住んでる若手レスラーは、合同練習して、そのあとちゃんこ食って、ちょっと昼寝するんだよ。

その昼寝タイムにみんなでゴロゴロしてたら、事務所の人が来て「次のシリーズで『CZW』っていうアメリカの団体の選手が来るから、このプロモーションビデオを見ておいて」って言われた。

どんな野郎が来るんだろうって、さっそくテープをデッキに入れて、再生ボタンを押した。

すると、道場にあった小さいテレビの画面に、いままでの日本のデスマッチの概念を覆すような映像が流れてきた。

電動の草刈り機で相手の腹をバチバチやる。巨大なステープラー（業務用ホチキス）で額にドル札をバッチンバッチン打ち付ける。カッターナイフで、腕や額を切り刻んでる映像もあった。血まみれのまま殴り合って、そのまま高い建物の屋根に上って真っ逆さまにダイブしたり……。

とにかく、当時の俺っちたちから見ても「え？　こんなことやっちゃうの？」ってことを、バンバンやってるわけだよ。本間さんも一緒に見てたんだけど、「無理、無理！　もうコイツらの相手は葛西に任せたから！」って顔をしかめていた。

俺っちは、そのビデオを見ながら少なからずショックを受けていた。それは凶器の危なさとかヤバさに対してじゃなくて、自分がやりたいものにすごい近いなという衝撃だった。それまでの日本のデスマッチは、大仁田厚さんがやっているようなちょっとウェットなものだったり、松永さんやポーゴさんのような、オドロオドロしいイメージが主流だった。

こう言っちゃなんだけど、洗練された感じがしなかったんだよ。でも、このCZWのレスラーたちはビジュアル的にもカッコいいし、バイオレンスなんだけど、どこかカラッとしてる。

そこが新しかったし、パンクなものを感じた。それまで何となく考えていた、自分がやりたいスタイルに近いなって思ったんだ。

数日後、実際にCZW勢が来日すると、最初は名古屋かどこかの体育館で試合が組まれた。

俺っちと山川さんと本間さんで組んで、ニック・ゲージ、ジャスティス・ペイン、それと確かワイフビーターの6人タッグマッチ。リーダーのザンディグは、マネージャーとしての立場で、この時は試合しなかった。

初めて触れてみたＣＺＷのレスラーたちの印象は……とにかく雑だった。俺っちもまだ新人だったし、それほど上手くもなかったけど、そんな自分から見ても、ヤツらのプロレスはヘタクソだった。

でも、その荒々しさが逆に新鮮だったし、お客さんにもウケていた。雑だけど、とにかく勢いはあったし、何をするかわからないところが魅力だった。

そんなＣＺＷのヤバさが発揮されたのが、２０００年８月６日に決行されたファイヤーデスマッチだ。

場所はまた秋葉原の空き地の特設リング。俺っちは松永さんとタッグを組んで、ＣＺＷのザンディグ＆ニック・ゲージと対戦するというカードだった。

灼熱の秋葉原ファイヤーデスマッチ

先に入場したのが、ザンディグとニック・ゲージ。次は俺っちたちの番だと、松永さんと入場口で待機してたら、リング上が騒がしい。

ザンディグたちが、キャンバス（マット）が剥がされて板張りになったリング上に何かの液体を撒き散らして、火を付けてるんだよ。

会場となった空き地の周辺は、ビルの建築ラッシュで、そこら中で工事をしていた。CZWのヤツらは、近くの工事現場から、勝手に塗料や有機溶剤が入った缶を持ってきて、それをリングにブチまけてたんだ。

リング上には火柱が立ってて、さらに黒い煙がもうもうと漂ってた。これはちょっと一筋縄ではいかん、ということで松永さんと相談して、当時、松永さんが実際に使っていたクルマで入場することにした。

松永さんがハンドルを握って、俺っちはハコ乗り状態で、そのままリングまで乗り付けたんだよ。

ゴングが鳴ったらもうメチャクチャ。

まずザンディグをクルマではね飛ばして、そのあとはロープでくくり付けてクルマで引きずり回した。俺っちはニック・ゲージと場外でひたすら殴り合ってた。

リングでは、ロープ4面が燃えてるんだけど、その勢いがすごくて、ほとんど火事だった。小鹿さんがそれを見てヤバいと思ったのか、試合中に消火器を持ち出して火を消し回ってた。そのガスで今度はリング上が真っ白になって、ほとんど何も見えない。

混乱したリングの上から、俺っちは場外にエスケープしたニック・ゲージにトペ・スイシーダをかましてやろうと思った。

さすがに火の付いたロープに触れるのは危ないから、松永さんに四つん這いになってもらって、その背中を踏んでロープを飛び越えてやろうっていう算段だ。

思い切りダッシュして、松永さんの背中に飛び乗ったんだけど、松永さんの体も火で囲まれてたから汗がすごくて、思いっきり滑って、俺っちは燃え盛るロープに腹からモロに突っ込んでしまった。めちゃめちゃ熱くて、のたうち回ったよ。

その後も、トラックの上でザンディグにリフトアップされて、5メートルくらいの高さから突き落とされたり、燃えたバットで殴られたり、と散々な目に遭った。

この試合は、すごく話題になったけど、評価は真っ二つに分かれた。あんなもんプロレスじゃねえっていう声もあったし、すごい試合だったと、いまだに言われることも多い。俺っち的には、体はボロボロになったけど、「メチャクチャしてやったぞ！」という達成感が強かった。だって、最初から「メチャクチャやってやる」という気持ちだったし、それは果たせたってことだから。

「キ〇ガイ」というワード

この日の夜、俺っちはCS放送『FIGHTING TV サムライ』のゲストとして生出演することになっていた。あんな試合をしたあとで、何でそんなスケジュールを組まれたのかわからないけど、頭から血を流しながら電車に乗って九段下まで行って、生放送に出たことを覚えてる。

このころは、こうしたテレビや雑誌でコメントを求められると「もっとキ〇ガイみたいな試合がしたい」と言うことが多かった。いままでのデスマッチのイメージを超えた、もっと突き抜けた試合をしたいっていう想いだった。

いまは先輩やCZWにやられてばっかりだけど、勝敗に関しても、試合内容のインパクトにしても、せんぶ超えていきたい。お客さんの想像を超えるデスマッチをしたい。そんな気持ちが「キ〇ガイ」というワードになったんだと思う。

ＣＺＷ加入

当時の大日本プロレスの中で、本間さん、山川さん、シャドウＷＸさん、ウインガーさんというのがデスマッチ戦線の四天王で、彼らに比べて俺っちは、体格的に見てもテクニック的に見ても、まだまだだと感じていた。

強さだけじゃなく、華や色気みたいな部分でもぜんぶ劣っていたから、どうすればこの４人を超えられるのか、デスマッチファイターとして上に行けるのかということを模索していた。

そのころ、大日本プロレスでは年末の「大日本最侠タッグリーグ戦」が始まるという時期だった。ＣＺＷからはザンディグとニック・ゲージがタッグを組んで出場する予定だったんだけど、ニック・ゲージがビザのトラブルで来日できなくなってしまった。

会社内で、じゃあザンディグのパートナーどうするってモメてる時に、ここで俺が行ったら面白いんじゃないかなとひらめいた。

ＣＺＷのヤツらとはノリが合ったし、特にどのユニットに属してるわけでもなかった俺っちがガイジン軍団に入ってしまえば、単純に目立つんじゃないかと思ってね。

それで、札幌の大会の時にリング上でアピールして、ザンディグのパートナーに名乗りを上げた。

会社はどう思ったかわからないけど、お客さんの支持は得られて、俺っちは日本人なのにCZWに加入する形になり、ザンディグとタッグを組むことになった。

この最侠タッグでは、10月30日の準決勝でシャドウWX&アブドーラ・ザ・ブッチャー組と戦って、ブッチャーからフォールを取った。

ブッチャーとは、その前から試合をする機会があったんだけど、子供のころから見ていたブッチャーに勝ったのは感慨深かったね。

ブッチャーは試合では容赦ない人でいつもボコボコにされたけど、リングを降りれば紳士で、俺っちのことをすごく可愛がってくれた。

ご飯をご馳走になったこともあるし、「ヤングボーイにシューズ買ってきてやったよ」って、スニーカーも2回ぐらいプレゼントしてもらった。俺っちの髪の毛がちょっと伸びてる感じだったら「このマネーで床屋行ってこい」ってカネをもらったこともある。

若手に対して、面倒見がいい人だった。

俺っちのタッグパートナーとなったザンディグは、不思議な魅力のある男だった。

ザンディグからは、プロレスのテクニックや、練習のやり方とかに関しては見習う部分はまったくなかったけど、プロレスラーとしての自己プロデュース法とか、個性の出し方というのはそばで見ていてすごく参考になった。

ザンディグはリングの内外で、どんなパフォーマンスをすれば自分を売り込めるか、この業界でのし上がっていけるかということをいつも考えていて、デスマッチに対しての哲学も独特だった。

デスマッチファイターによって考え方は違うと思うけど、ザンディグは、デスマッチという普通のプロレスと違うことをやるからにはオーディエンスにたっぷり期待させて、喜ばせて、その期待を超えるインパクトを残していかないとダメだと言っていた。デスマッチなのに地味なことをやって、お客さんにも伝わらない自己満足するための試合をしても意味がない。

その姿勢には、俺っちも少なからず影響を受けたと思う。そんなザンディグに比べると、他のCZWメンバーはおとなしいというか、何も考えてないように見えた。試合以外ではそこまで暴れることもないし、いま思えばみんな若手のガキだった。その中で、ザンディグは頭一つも二つも抜きん出たビッグボスだったし、不思議議なカリスマ性があった。

たまたま生まれた「猿キャラ」

最侠タッグでザンディグと組んで、年を越してからも相変わらずCZWジャパンとしてやりながら、俺っちはどうにか自分のキャラクターを確立させたいともがいていた。そんなある日、ザンディグと二人で『サムライTV』のニュース番組にゲストで出てくれというオファーがあった。

それでザンディグと二人でスタジオに行ったら、たまたま別の番組で関わってたキックボクシングの伊原信一会長がサムライのスタッフにバナナを山ほど差し入れてくれてたみたいで、「スタッフで食べ切れないのでゲストのみなさんも好きなだけ食べてください」って、控室のテーブルにバナナがいっぱい置いてあった。

俺っちは、昔から猿みたいな顔って言われてきたし、バナナが似合うと自負していた。このままニュースに出ても気の利いたことも喋れないから、本番中にひたすらバナナでも食ってれば何も言わなくて済むんじゃないかって思ったんだ。

それでスタジオにバナナを持ち込んで、本番が始まったら、ザンディグが何か吠えてる横で、俺っちは松崎駿馬（現・松崎和彦）さんのモノマネしながらひたすらバナナを食ってた。それが自分の予想以上にウケたんだよ。

放送を見たファンから「めちゃくちゃ面白かった」とか、「葛西は本当に頭がおかしいのか」って声が届いて、それどころか同じプロレス業界の人からも「あれ良かったよ」「本当にキ○ガイだな」って褒められた。だったら試合もこのセンでいったら面白いんじゃないか……。

それまでのデスマッチは、殺《や》るか殺《や》られるかの世界で、殺伐としていて、泥くさかった。俺っちは、それ以上に激しいことをやりながら、試合中にバナナ食ったり、引っ掻いていて逃げたりとか、ちょっとコミカルな部分を織り交ぜていくのはどうかな、と考えた。動きのモチーフは猿だけど、人間じゃないから何するかわからないというイメージ。要は、ファンが俺っちの試合を見てて「葛西は本当に頭がおかしいんじゃないか」って思ってもらえるようなモノにしたかった。

それをだんだん具現化していってでき上がったのが「クレイジーモンキー」というキャラクターだ。入場曲もスキッド・ロウの「モンキー・ビジネス」に変えた。

これはザンディグが「クレイジーモンキーならこの曲しかないだろ」って決めた。ザンディグはスキッド・ロウが好きだったからね。

いまとなっては、キャラクターレスラーもいっぱいいるし、コミカルな試合も当たり前になったけど、当時はデスマッチだけじゃなくプロレス界全体で「お笑い」はご法度だったし、ファンからもソッポを向かれる可能性のほうが高かった。

だから、これはギャンブルだと思ってた。真面目なファンから「ふざけんじゃねぇ!」って言われるか、「葛西は狂ってるな!」って応援してもらえるか……。

結果的に、めちゃくちゃウケて、クレイジーモンキーは葛西純の代名詞になった。いまも俺っちの試合に欠かせないアイテムになってるゴーグルを使い始めたのもこのころだ。

パールハーバー・スプラッシュをやり続けるわけ

CZWの一員として来日していたマッドマン・ポンドが入場の時のコスチュームとしてゴーグルを使っていた。ある日、ポンドが「いっぱい持ってきてるからカサイにもやるよ」って、ゴーグルを一つくれた。

もらったはいいけど、入場時にゴーグルを着けるっていうのはポンドがやってるから、じゃあ俺っちはこれを試合中に使えないかなと考えた。

当時、WWF（現・WWE）で、スコッティ・Ⅱ・ホッティとタッグを組んでた、グランマスター・セクセイという選手が、コーナートップに上がって、ゴーグルを装着してからダイビングギロチンをする「ヒップホップ・ドロップ」という技をやっていた。

俺っちはダイビングギロチンなんてできないから、これをスプラッシュでやったらいいんじゃないかなと思いついた。

それでコーナーに上がって、ゴーグルをかけて、特攻するイメージで敬礼してから飛ぶ「パールハーバー・スプラッシュ」が生まれた。

何でゴーグルかけて敬礼して飛ぶんだって聞かれたから「このゴーグルは真珠湾攻撃で亡くなったじいちゃんの形見。だから、敬礼してから飛んでるんだ」って答えたら、それが公式の由来になった。

でも俺っちは、この「パールハーバー・スプラッシュ」をフィニッシャーにしようと思ってたわけじゃなかった。そもそもダイビング・ボディプレスもそんなに得意じゃなかったし、地方の試合とかでも勢いでバンバンやっていただけだった。

そしたらある日、試合を見てくれていた大黒坊弁慶さんが「葛西、あの技、いいぞ」って話しかけてきた。「そうですか？　ただ単にゴーグルかけて、敬礼して、綺麗でもないスプラッシュやってるだけですよ」なんて返したら、「いや、あれはいい。何があってもあの技だけはやめるなよ」って言われた。

それがなぜか心に残ってて、いまも「パールハーバー・スプラッシュ」をやり続けてる。

想像以上の適当さ

ＣＺＷのメンバーになってから、出身も〝ヒラデルヒア〟にして、ワイフビーターの家に下宿してるというギミックにしてたけど、実はアメリカなんて行ったこともなかった。だけど、ザンディグが２００１年４月14日に行われる、アメリカでのＣＺＷの興行にカサイを連れて行きたいって言いだして、大日本プロレスにオファーをかけたら別にいいよという感じになった。

俺っちも、会社が言うなら行きますよってことで、初めての海外遠征が決まった。Ｃ

ＺＷで外国人と組んでるからといって英語ができるわけでもないし、初めてのアメリカで右も左もわからなかった。

最初はザンディグの家に泊まって、最後の２日間はジャスティス・ペインの家に泊まらせてもらうという話だったけど、とにかく試合をすればいいってことだけ考えてた。

現地に着いてからザンディグに、俺っちは「誰と組んで誰と対戦するんだ？」って聞いたら「セミファイナルでニック・モンドと組んで、ジャスティス・ペインとジョニー・カジミアとやる」と。

まぁ、日本でもやってるような連中だったから、それはなんとかなりそうだ。それでデスマッチ形式は何だって聞いたら、「俺、明日からワイフビーターと一緒にメキシコ行っちゃうから、よくわかんねぇ。あとは他のヤツと相談してくれ」みたいな感じで、何だそれって思いながらも当日、会場に行った。

会場っていっても、消防署のデカいガレージみたいなところで、パートナーのニック・モンドに「今日の試合形式は？」って聞いたら、「たぶん蛍光灯デスマッチじゃね？」みたいな感じで言われた。ある程度そんなモンだと思ってたけど、みんな雑で適当なんだよ。

試合時間が迫ってきて、入場曲が鳴ったからリングに向かったら、蛍光灯どころか、アイテムらしきものが何もなかった。

何だよ、普通の試合じゃねえかと思いながらコールを受けて、いまからゴングが鳴るっていうタイミングでリングアナがマイクで何かベラベラ喋りだした。

英語なんてわからないから、何言ってんだろうと思ってたら、会場中のファンがいきなり動きだして、自分の家から持ってきたガラクタやら、画鋲の付いたバットやら、割れたでっかい鏡なんかを、リングの中にバーって投げ入れだした。

いま思えば「観客凶器持ち込みデスマッチ」だったんだけど、当時の俺っちはおいおい聞いてねえよっていう感じで試合が始まった。

場外乱闘になると、客が何だかわからない凶器をどんどん渡してくる。それを片っ端から使いまくった。その中に、蛍光灯を並べたボードがあって、それに突っ込んだら左の肘がすごく切れてしまって、骨が見えてるくらいの傷になってた。背中も蛍光灯やらガラスやらで切り刻まれて血だらけ。こっちは夢中でやってたけど、とにかく観客の熱狂度がすごかった。

150針の大ケガ

何とか試合が終わって、控室に帰ろうとしたら、会場に見にきてた女の子がもう興奮しちゃってて、Tシャツとブラジャー脱いで半裸になって踊ってるから、こっちは傷の痛さも吹っ飛んで思わず見入っちゃったよ。控室に帰ったら、その興行に出てた他のレスラーからも「グレート！」みたいに声をかけられて。アメリカに爪痕残してやったよ、っていう達成感があった。

控室には、自称・医者というおばちゃんがいて「ここで縫う」って言われて、その場で肘の手当をしてもらって、背中も150針縫った。結果的には、爪痕以上に、傷痕が残ったってことだね。

そのまま病院にも行かず、ジャスティス・ペインのクルマに乗って帰ることになったんだけど、途中で背中が痛くて痛くてたまらなくなって、どうにかならねえかって言ったら、ジャスティス・ペインが「これ飲めよ」って、痛み止めの薬をくれた。

それ飲んだら痛みは止まったんだけど、今度は薬が強すぎて気持ち悪くなってきちゃって、クルマ止めてもらって、ハイウェイの路上に飛び出てゲロ吐いて。それを3回ぐらい繰り返して、ようやく帰れた。

傷だらけの体を見て泣いた母

翌日には飛行機に乗って、日本まで16時間のフライト。まだ背中が痛いから、シートにもたれることができなくてずっと前傾姿勢のまま16時間過ごした。地獄のフライトだった。満身創痍だけど、とりあえずは無事に日本に帰ってこれた。

いちおう報告しておくかと、大日本の道場に帰国の挨拶に行ったら「じゃあ、明日はバトラーツの札幌大会に選手を派遣することになってるから、札幌行って試合してきて」と言われた。

背中一面傷だらけで血がにじんでるのに、言われた通りに翌日には飛行機で札幌行って、4月17日のバトラーツの大会に出て、臼田勝美さんと試合をした。

それで帰れるかと思いきや、「こんど帯広で大日本の興行やるから、ついでにその営業してきて」って言われて、そのまま帯広に飛んで、営業まわり。

アメリカでの試合も大変だったけど、日本に帰ってきてバトラーツの試合出て、その後に帯広で1週間営業やったほうがキツかったね。

幸か不幸か、営業先が帯広だったから、久々に実家に帰ることができた。それで当然、風呂に入るんだけど、その時、母ちゃんが俺っちの傷だらけの体を見て、「あんた、何やってんの！」って泣きだした。「東京にプロレスをしに行ったんじゃないの？」って泣きながら怒られて、「いや、これがプロレスやってきた証しだよ」って言ったんだけど、「そんなのプロレスじゃないでしょ！」ってね。

ウチの家族は、俺っちが新人時代の試合しか見てなかったから、デスマッチファイターとしての俺がどんなことしてるのかは知らなかったんだ。

親に泣かれてしまったけど、それでデスマッチをやめようとはこれっぽっちも思わなかった。俺っちはまだ何もできてない、もっとやってやるとしか考えてなかった。

新人時代は、当然のように大日本プロレスの道場の2階にある寮に住んでたんだけど、実は俺っちは割と早い段階でその寮を出ている。そのキッカケは、いまのカミさんとの出会いだった。

カミさんとの出会い

話が前後するけど、デビューして1年半くらい経ったころだったかな。当時、バトラーツにアーバン・ケンっていう新人がいたんだけど、彼がケガをして出れなくなったから、大日本プロレスに「誰か若手の選手を派遣してくれ」っていうオファーが来た。

バトラーツはバチバチスタイルだから、ボクシングをやってた伊東が合ってるんじゃないかって話だったんだけど、途中から葛西が行った方が面白いんじゃないかってことになって、俺っちがバトラーツ長野大会に出ることになった。バトラーツは好きだったし、入団しようと思って履歴書も送ったことある団体だったから、こういう形で参戦するとは思わなかったね。

試合は臼田勝美さんとのシングルだったんだけど、そのころの俺っちは蹴りや関節とかはぜんぜんできなかったから、普段通りの純プロレスで、ミサイルキックやジャーマン、ダイビングヘッドバットで挑んだ。

試合が終わって、バトラーツの人が「打ち上げがあるから、葛西くんも来なよ」って誘ってくれて、そこに行って出会ったのがいまのカミさんだった。

彼女は、お姉さんと二人で打ち上げに参加していて、あとで知ったんだけど「長野の熱狂的な新日本プロレスファン姉妹」として、新日本の選手の間でも知られてるくらいの有名姉妹だったそうだ。

これもあとから聞いた話なんだけど、彼女は打ち上げ会場だったお店のマスターと知り合いで、「バトラーツ興行のチケット10枚買ってくれたら打ち上げに参加させてやる」って言われて、姉妹で10枚買い取って飲み会に参加してたらしい。

まぁ、プロレスラーと一緒に飲めるめったにない機会だと思ったんだろうね。彼女は、新日本プロレスファンだから、それ以外の試合を見てないし、バトラーツでも田中稔さん以外は知らなかったみたい。

俺っちは、バトラーツの選手でもないし、デビューして1年半ぐらいのペーペーだったから、当然向こうは葛西純なんてレスラーは知らない。そのうえ金髪だし、前歯もないし、俺っちの第一印象はとにかく怖かったらしい。

でも、そんな風貌なのに話してみると普通だったから、そのギャップが良かったみたいで、向こうは数分前まで葛西純のかの字も知らなかったんだけど、もうグイグイくるわけだよ。

俺っちもデビューしたてで、そんなにチヤホヤされたことなかったから気分良くなっちゃって、一緒に写真撮ったりして、またどこかで試合あったら見に来てね、みたいな感じで別れた。

それから何週間かあとに、大日本の道場に彼女から手紙が来て、一緒に撮った写真が同封してあって「こんど、大日本プロレスの長野大会があるみたいなので応援行きます」みたいな感じで電話番号とメアドが書いてあった。

本間さんに「こんな手紙もらってるんですよ」みたいな相談をしたら、「オマエ、そんなの行くしかねーだろ」って背中押されて、「結果は報告しろよ！」みたいな感じで送り出してくれた。

ホテルを抜け出して彼女と会って、夜の諏訪湖を手をつなぎながら散歩して、「付き合おうか」みたいな話になった。

で、その時一応「彼氏とかいるの？」って聞いたら、「います」って言うんだよ。じゃあ付き合えないじゃんって言ったら、「いや別れるから大丈夫」って。

もうグイグイくるんだよね。それから遠距離での付き合いが始まって、俺っちは夜になったら寮を抜け出して、道場の近くのボックスから電話するのが日課になった。

「じゃあ別れる」

そんな感じで半年ぐらい経ったころ、彼女の仕事が休みでこっちに来たので会ったら「もう、出てきたいんだよね」と言い始めた。

彼女は長野で事務員をしてたから「仕事どうするのさ」って言ったら、「やめてこっち来るつもり」と。

いやいや、いま来られても俺はまだ道場に住んでるぺーぺーだし、「ちょっと困るよ」なんて言ったら、「それじゃあ別れる」って言いだして。

別れるのはちょっと……みたいな感じで渋々ＯＫ出したら、すぐに彼女は相模原にアパート借りてひとりで住むようになった。

まぁ、これで会えるようになったし、別にいいかと思って、ほぼ毎日どこかで会ってデートするような生活を2カ月くらいしたのかな。

そしたら彼女が今度は「同棲できないかな」と。「いやいや、俺はまだデビューしたてでプロレスで食えるようになってないし、寮を出て女と暮らすなんて会社には言えないよ」って言ったら「じゃあ別れる。アパート引き払って長野帰る」。

ぜんぶ同じパターンだよ……。

とりあえず会社の人間を説得してみるってことになって、意を決して山川さんに事情を話したら「そっか、いいんじゃゃね？」みたいな軽い答えで。「また練習生も入ってくるし、オマエが寮を抜けたところで何も変わらないから」みたいな感じで、すんなりと寮を出ることになった。

「もうわかりました」

彼女の相模原のアパートに一緒に住んで、通いで鴨居の道場まで行って練習してたんだけど、ある日彼女が晩飯食いながら「おばあちゃんが高齢で先も長くない。早く孫の顔を見せたいから結婚してほしい」と。

いやいや俺っちはまだ結婚願望なんてないし、プロレスに集中したいし、それに同棲して、すぐに籍入れますっていうのは会社にも言いづらいな、みたいに答えたら、また例のごとく「なら別れて長野に帰る」ってゴネるので、「もうわかりました」と。

それで会社に結婚しますって伝えなきゃなって思ってたら、すごいタイミングで、とある選手と、とあるスタッフが社内結婚する話が湧き上がった。

大日本プロレス的には社内恋愛だから、そっちのほうが大事件で、これは俺も言いやすいと思って便乗して会社に言ったらすんなり結婚することができた。

© 葛西純

CRAZY MONKEY JUN KASAI

第五章

大日本プロレス退団

客の反応と会社の反応の違い

俺っちは、家庭ができたからって守りに入るつもりなんてサラサラなかったし、すごい試合をどんどんやって、トップに立ってやろうと思っていた。実際、このころはどんな試合でも盛り上がっていたからね。

自分では、今日はちょっとヤバいな、ショッパい試合しちゃったなと思ってても、お客さんには大ウケだった。

たとえば、2001年2月24日後楽園ホールの「CZWスタイル・フィラデルフィア・バナナマッチ」。

自分的には、これはねぇだろってぃうぐらいのショッパい試合だったんだけど、お客さんは喜んでくれて、『週プロ』がカラー3ページで取り上げてくれていた。

ちょっと違和感は感じていたけど、だったらもっとやってやろうと、新たなデスマッチをどんどん仕掛けていった。

松永さんとやった「画鋲裸足&CZWカリビアンスタイル有刺鉄線デスマッチ」(5月27日)とか、ザンディグと「ガラス&ボブワイヤーボード　CZWスタイル　キング&

バナナマッチ」（6月25日）をやったりね。

　団体のプッシュっていうのはまるっきりなくて、対戦相手が考えた試合形式に便乗する形でいかに自分が目立てるかを考え、自分のプロデュース力だけでのし上がっていった時期だった。

　このころには本間さんはもうランナウェイしてたし、山川さんは博多で頭蓋骨骨折の大ケガをして欠場してしまっていたから、自分で言うのもなんだけど、大日本プロレスといえば葛西純というぐらいの存在感はあったと思う。

　でも、会社からはそんなに評価されていなかった。当時の大日本プロレスは、MEN'Sテイオーさんの意見が強かったんだけど、テイオーさんは俺っちのことを「コミカルで客にウケることをやってるけど、レスリングに関してはダメ」って思ってたんじゃないかな。

　俺っちの味方はザンディグくらいで、「カサイはあれだけ試合でファンを沸かしてるのに評価が低すぎる」って、会社に言ってくれていた。

　それにザンディグ自身も、CZWの扱いが悪いと感じていたみたいで、2001年の秋ぐらいから、大日本プロレスとザンディグの間で意見の食い違いみたいなのが出てきていた。ザンディグはもっと好きにやらせてくれと訴えても、会社からしてみたら、いやいやオマエらウチらが呼んでるだけの外国人だろ、みたいなところがあったんだと思う。

決定打となった横浜アリーナ大会

リングの外も中もいろんな波風が立っていて不穏な空気が漂う中、大日本プロレスが文字通りの社運を懸けたビッグマッチ、横浜アリーナ大会が２００１年12月２日に開催されることになった。

俺っちも経験したことのない大会場だから、いままで以上の相手と、見たこともないデスマッチをやりたいと気合が入っていた。

でも、実際に決まったカードは、休憩前の第５試合で、マッドマン・ポンド、ワイフビーター、そして当日発表の「X」と「時間差４WAYバトル蛍光灯２００本デスマッチ」。これじゃ、いつもとやってることが変わらないじゃないかって、ガッカリした。「X」の正体はザンディグで、試合は俺っちが勝ったけど、不完全燃焼だった。

小鹿さんとテイオーさんは、テリー・ファンクやミル・マスカラスを呼んで、自分たちの好きなことをやってるように見えたし、関本は大谷晋二郎さんとシングル。ケガで休んでた山川さんは感動的な復帰戦をやってるし、俺っちの扱いって何なの？ってなるよね。

やっぱり、団体内の誰かから嫌われてたのかもしれない。俺っちが、勝手に好きなことをやって人気が出ちゃったから、調子に乗るんじゃねぇみたいな気持ちが少なからずあったとは思う。

この横浜アリーナ大会のメインイベントで、松永さんとシングルで対決したザンディグは、試合後にＣＺＷ勢をリングに上げて、大日本プロレスを離脱することを宣言した。俺っちは、そんなことになるとは知らなかったけど、その光景を見て、もうＣＺＷは来ないんだということは確信していた。

このメインの後に山川さんの復帰戦があって、最後に大日本プロレスの選手のほとんどがリングに上がって涙を流していたけど、俺っちは、その輪の中には入らなかった。

「CZWジャパン」消滅から「赤まむし」結成

CZWが横浜アリーナ大会を最後に大日本プロレスを離れるということは、俺っちには知らされてなかったし、それは小鹿さんも、登坂栄児も想定してなかったことだと思う。

とはいえ、CZWが来なくなっても、選手の間には危機感みたいなものはあまりなくて、逆に「CZW抜きで、もっとクオリティの高いものを見せられるチャンスだな」という気持ちが強かった。

俺っちはザンディグたちがいなくなって「CZWジャパン」が自然消滅ということになってしまったので、新たにBADBOY非道さんとウインガーさんと3人でユニットを組むことにした。

このユニットは、大日本プロレスのリングで3人のやりたいことが一致したとかではなくて、単純にウマが合うというか、プライベートでもよく一緒に飲みに行ってた3人が、リング上でも一緒に組もうか、みたいな流れで生まれたものだった。

それでユニットの名前をどうしようか、ということになったんだけど、思い出したのが、本間さんと山川さんがタッグを組んで、そのタッグチーム名を募集した時のこと。

候補の中に「まむしの兄弟」という名前があって、実際のタッグ名には採用されなかったんだけど、俺っちの中でインパクトがすごく残っていて、いつか何かで使いたいなと思っていた。

とはいえ、そのまま「まむしの兄弟」というのも芸がない。「まむし」と言えば、栄養ドリンクで「赤まむし」というのがある。これなら誰でも知ってるし、覚えやすくていいか、と思ってユニット名を「赤まむし」にした。

俺っちにとって、非道さんもウインガーさんも先輩に当たるんだけど、「赤まむし」は気を使わない雰囲気があって、本当に楽しかった。地方巡業へ行って、試合で暴れて、その後も3人一緒に出歩いて、朝まで飲んだりしていた。

今でこそ俺っちは毎日飲むようなお酒大好き人間だけど、それまでは酒を飲んでも特においしいとか思ったことはなかった。そんな俺っちに、酒の旨さや楽しさをみっちり教えてくれたのが非道さんだった。

飲み始めたら、女のいる店なんて行かない。もうひたすら飲む、飲む、飲む。非道さんは本当にお酒の好きな人で、ヘンな飲み方するようなヤツは大嫌い。一気飲みなんかした日には「テメエ、お酒に謝れ！　感謝して飲め！」って怒られるくらいだった。酒に関してはすごく影響を受けてるから、ある意味で葛西純はＢＡＤＢＯＹ非道に人生を狂わされたという面もあるかもしれない。

「給料が少し遅れます」

「赤まむし」は、会場に来てくれているお客さんからの支持は集めていて、Ｔシャツなんかもバカ売れしていたんだけど、それまでのＣＺＷ目当てで来ていたファンというのが完全に離れてしまっていたから、大日本プロレスそのものが集客に苦戦するようになっていた。

それでもいろいろ考えて、２００２年３月８日に後楽園ホールで「赤まむし主催興行」というのをやった。俺っちは普通の姿でリングに上がってるんだけど、対戦相手のテイオーさんが、なぜかウサギの着ぐるみで試合をするという「ハンディキャップ着ぐるみマッチ」という形式をやったりして、お客さんは満員とは言えなかったけど、赤まむしファンは多いに楽しんでくれていた。

とはいえ、大日本プロレスの不調は続いていて、まさにこの赤まむし興行ぐらいの時からギャラの遅配が起きるようになった。最初は「給料が少し遅れます」っていう言い方だったけど、それが何カ月も続くようになって、もう普通にタダ働きという状態になった。

「赤まむし」で試合をやるのは好きだったし、巡業も楽しかった。ただ、本当にカネがなかった。カネがないと、やっぱりモチベーションも下がるし、好きでやっていることとはいえ「こんなに貧乏するならやる意味ねぇな」と思うこともあった。

巡業から帰ってきて、夜中に鴨居の道場にバスが着いた時に、俺っちと帰る方向が一緒だった李日韓が、車で送ってくれることがあった。その時に日韓から「葛西さん、給料何カ月分も出てないですけど大丈夫ですか?」みたいな話をされて、「ウチはかろうじてカミさんが仕事をしているから何とかやっているけど、イヤになってきたよ。どうせカネが出ないなら、もうケガでもして欠場したいよ」なんて愚痴を言っていたら、そのすぐあとの5月5日、WEWの川崎大会で本当に大ケガをしてしまった。

そういうマイナスな気持ちでリングに上がってると、実際に事故が起きてしまうということを思い知らされた。

前十字靭帯断裂と内側側副靭帯断裂

俺っちは、デビューしてから大ケガとかしたことがなかったから、よくプロレスラーが「膝に爆弾抱えている」とか言ってるけど、どういう感覚なんだろうって想像がつかないくらいだった。その日は、カネの面であまりテンションが上がらないままＷＥＷの川崎大会に出場した。俺っちはポイズン澤田さんと組んで、相手はバイオモンスターＤＮＡと怨霊さんという、割とコミカルなタッグマッチだったと思う。

その試合中に、怨霊さんの低空ドロップキックが俺っちの膝にたまたま変な角度で入ってしまった。その瞬間、ブチブチッて音がして、えげつない痛みが走ったんだけど、いままでそんな大ケガをしたことがなかったから「ちょっとひねったな」くらいの感覚だった。試合もそのまま進んで、普通にジャーマン・スープレックスとかパールハーバー・スプラッシュを出したりしたから、お客さんにも気づかれなかったと思う。

試合が終わって、片脚を引きずりながら控室に戻ってきたら、当時『サムライＴＶ』のディレクターをやっていた人から「葛西くん大丈夫？　ちょっと歩き方が変だよ」って声をかけられた。「大丈夫です。明日も新川崎で大日本の試合があるので、とっとと帰って、寝て起きれば治りますよ」と返したんだけど、その人が「いや、これは普通じゃないよ。病院に行ったほうがいいよ」と言ってくれて、自分的には行くつもりはなかったんだけど、一応診てもらおうみたいな感じで病院に行った。

適当にシップでももらって帰ろうなんて思いながら診察を受けたら、先生に「『前十字靭帯断裂』と『内側側副靭帯断裂』です。手術が必要なので、試合は1年ぐらい休まないといけないですね」と言われた。

そんな大ケガだったのかよってショックを受けながら会場に戻ったら、WEWのオーナーだった冬木弘道さんが待ってて、「オマエ大丈夫か?」って心配して声をかけてくれた。

俺っちが「手術して、1年ぐらい欠場しなきゃいけないみたいです」と言ったら、冬木さんは「ウチの大会でのケガだから、治療費は俺が面倒を見るよ」と、すごく男気のあることを言ってくれた。

でも、俺っちは冬木さんに治療費を出してもらうのも筋違いだなと思って、「自分は大日本プロレスの所属なので、その辺は小鹿に面倒を見てもらいます。気持ちだけ受け取ります」と言って帰った。

戻って小鹿さんに相談したら「ほぉーそうか。治療費も手術代も入院費も出すから、オマエはゆっくり休んでいればいい」なんて言ってくれてたんだけど、結果的にはもらえなかった。

そりゃそうだよ。選手に給料もまともに払えていない団体が、これから休むという人間に入院費だの治療費なんて出せるわけがない。ここはもうカミさんに甘えるしかないと観念して、入院して手術を受けることにした。

病院のベッドの上で、カミさんから「いろいろリセットするタイミングかもね。大日本で自分が置かれている境遇を、いま一度見直すべきなんじゃないの」とか言われて、さすがにちょっと考えた。

手術はうまくいって、退院して自宅療養しながらリハビリの日々が始まった。先生からは1年ぐらい試合はできないと言われてるから、「このまま大日本にいても給料をもらえないままだし、どうしたもんかな」なんて思ってたら、大日本から呼び出しがあって、事務所まで行って登坂栄児と話をすることになった。

俺っちはもうストレートに「未払いもあるし、いま試合もできなくて欠場中なのに給料下さい、とも言えないから……やめさせてください」と言った。

登坂栄児も「そうだよね、申しわけなかったね」というトーンで、お互いに「まあしょうがないよね」みたいな感じで、葛西純の大日本プロレス退団が決まった。

いまから考えると、このころは大日本プロレスそのものがいつ潰れるか、という状況だったから、団体側も選手がひとり減って良かったぐらいの感覚だったのかもしれない。

ただ、俺っちは、ケガしようが、大日本プロレスを退団しようが、プロレスそのものに対する情熱が薄れることはなかった。どこのリングでもいいから、絶対に復帰して、また試合で暴れまわりたいということしか考えてなかった。

© 葛西純

CRAZY MONKEY JUN KASAI

第六章

ZERO-ONE時代

「ZERO―ONEが欲しがっている」

欠場して1カ月ぐらい経った時に、俺に病院に行けって言ってくれた『サムライTV』のディレクターから「話がある」と呼び出された。それで会いに行ったら「葛西くんのことを、ZERO―ONEが欲しがってる」ということを教えてくれた。「自分はあと1年ぐらい試合ができないし、いま所属してもメリットがないですよ」と返したら、「ZERO―ONE側はそれでもいいと言っている。それに欠場中は収入もないだろうから、葛西くんがデザインしたTシャツとかをZERO―ONEの大会で売って、その利益分はぜんぶ葛西くんが持っていっていいっていう、そういう話までしてるから、団体側と一度会ってみないか?」。

欠場中で、退団もして、先のことが真っ白だった俺っちからしてみたら、もう願ってもない話だった。ZERO―ONEの事務所を訪ねて、専務取締役だった中村祥之さんや、橋本真也さん、他の選手の方々にも会って話をした。

中村さんは、「葛西くんには外国人側に付いてもらって、先頭切って入場してきて日本人選手を挑発するような、スポークスマンみたいなことをやってもらったら面白いんじゃないかな」というプランを提案してきた。

当時のZERO－ONEは、外国人選手の充実ぶりがすごかった。スティーブ・コリノ、ザ・プレデター、トム・ハワード……。そういう外国人たちをまとめる、ズルそうなプレーイング・マネージャー。俺っちはWWEとかアメリカンプロレスが大好きだったから、その役割はすぐにイメージできた。

それに、とにかくプロレスがやれて、プロレスでのし上がって、プロレスで潤って、ちゃんと家族を養えるようなところであればどこでもよくて、それが実現できそうだと思ったから、俺っちはZERO－ONEの世話になることに決めた。

それから、ZERO－ONEの後楽園ホール大会があるたびに会場に行って、Tシャツとかタオルとか、橋本さんの福笑いを作って売ったりして、それを欠場中の収入にする生活が続いた。

リハビリや体作りも続けて、浜松町の道場の合同練習にも顔を出すようになった。俺っちの復帰戦であり、フリーとしての初試合は2003年1月5日に決まった。でも、その興行は「ZERO－ONE USA」という別ブランドで、出場選手はぜんぶ外国人選手というコンセプトだった。それでひねり出したのが、〝ヒラデルヒア〟出身の〝サル・

ザ・マン〟というキャラクターだ。

『格通』にイラストを送る時のペンネームとして考えた名前が、まさかZERO－ONEでの復帰戦のリングネームとして使われることになるとは思わなかった。

橋本真也の付き人に

ZERO－ONEには、メジャー出身のレスラーがたくさん所属していたから、葛西純に対して「インディーから変なヤツが来たな」みたいな冷たい目で見られるんじゃないかと覚悟していたけど、大谷さんも、高岩竜一さんも、頭が柔らかくて、プロフェッショナルで、俺っちのことをひとりのレスラーとして対等に扱ってくれた。

俺っちは真面目に合同練習に出ていたし、リング外では若手だった佐々木義人や黒毛和牛太（現・不動力也）と仲良くなって、飲んだりするようになった。

それに、大日本プロレスにいた後期と違ってちゃんと給料がもらえたから、ZERO－ONEはかなり居心地が良かった。

ただ、予想外だったのが橋本さんだった。ウワサには聞いていたけど、本当にガキ大将がそのまま大きくなったような人で、俺っちはその言動に振り回されるようになっていった。

橋本さんは歴史が好きで、中でも織田信長を尊敬していて、自分は「信長の生まれ変わり」と公言していた。俺っちは猿キャラをやっていたから、橋本さんの中ではサル＝豊臣秀吉という形になったみたいで、いきなり「サルを付き人にする！」って言いだした。

俺っちは橋本さんに気に入られていたから、プロレスの流れで「信長・秀吉タッグ」でも組むのかなと思ってたら、これがリアルな話で、フロントからも「橋本さんの付き人やってくれ」と言われた。

大日本プロレスには付き人制度はなかったから、俺っちにとっては初の経験。何をどうすればいいのかよくわからないまま、俺っちはデビュー5年目にしてレスラー人生初の付き人をやることになってしまった。このころの橋本さんは、新日本プロレスにいた時に比べたら「丸くなった」と言われていたけど、それでもなかなか豪快な人で、俺っちは戸惑うことが多かった。

スター・橋本真也

ある地方会場の試合が終わってホテルに泊まった時、橋本さんから「明日、新幹線に乗って東京に帰らなきゃいけないから、サル、起こせよ！」と言われた。

俺っちは「わかりました」と言って自分の部屋に戻ったんだけど、橋本さんが寝坊したら大変だと思うと気が気じゃなくて、自分の睡眠もそこそこに早起きして、橋本さんを起こしに行った。

部屋に入って「橋本さん、新幹線の時間があるので起きてください！」って声をかけると、「わかった」と言いつつまだ寝ている。刻一刻と時間が迫ってくる。さすがにヤバいと思って、「橋本さん、もうギリギリですよ！」って何度も声をかけたら、橋本さんは「わかっとる。慌てるな」と言いながらむっくりと起き上がって、身支度を始めるんだけど、その動作がめっちゃスローなんだよ。

それで「サル、ズボンを取ってくれ」「シャツ取ってくれ」って言い付けてくるんだけど、シャツもズボンも橋本さんのすぐそばに置いてあるから、自分で取ったほうが早いんじゃねぇのかなと思いつつ手伝って、何とかホテルを出てタクシーに乗り込んだ時点であと10分ぐらいしかない。

もう新幹線が出発するというギリギリの時間に駅に着いたんだけど、まだ切符を買ってないことに気づいた。

これ、切符を買ってたら絶対間に合わねえな、と思ったら、橋本さんはまったく躊躇せずにそのまま改札にスーッと向かって行くんだよ。

「すいません橋本さん！　まだ切符買ってないんです！」と引き留めようとしたら、橋本さんは「ええから、黙って付いてこい！」とノシノシ歩いていって、駅員に「どうも、プロレスラーの橋本です」とニッコリ笑って、顔パスでそのまま改札を通過した。新幹線には本当にギリギリ乗れて、車内で切符を買って、すべてが間に合った。めちゃくちゃだけど、これがスターのオーラかと思い知らされた。


「ええかげんにせえよ。この野郎！」


秋田の大館というところで大会があった時も強烈だった。

俺っちは、まだ正式に入団してない状態で、フロントからも「葛西くんはキャラクターもあるし、セコンドにつかなくていいよ」って言われてたから、自分の試合が終わったら控室に戻って、テングカイザーと一緒にストーブにあたりながらバカ話をしていた。それでメインの試合が終わったら、橋本さんが鬼の形相で控室に駆け込んできて、「オマエらなんでセコンドつかないんや！　ええかげんにせえよ、この野郎！」って、めっちゃキレられた。

もうこれは殴られるなってくらいの勢いでガチガチに怒られて、俺っちは「やべー、怖えー」って思いながら下向いてた。

大会が終わってホテルに帰ってきて、部屋でひとりでコンビニで買ってきた弁当を食いながら、すげぇ怒られちゃったなって反省して、そろそろ寝ようかという時に、部屋の外が騒がしくなった。「何だこんな夜遅くに」と思って、ドアのアイスコープから廊下を覗いてみたら、橋本さんがパンツ一丁で忍び足で歩いている。

それで、俺っちの斜め向かいの部屋のドアにガンガン！ってノックをして、うわ〜って大笑いしながらバタバタと走って逃げてるんだよ。

「さっきまでエラい剣幕で怒ってた人が何やってるんだ」って面食らいながらも、あとで事情を聞いたら、どうやら某選手が部屋に女を連れ込んでたみたいで、橋本さんがその情報を聞きつけて、そいつの部屋まで行ってノックしてからかってただけだった。橋本さんの周辺は、こういう男子校みたいなノリになることが多くて、いろんな意味で「大丈夫か、この団体」って思ったね。

慣れない付き人稼業は大変ではあったけど、リングの上では伸び伸びとやらせてもらっていた。お客さんの反応も良くて、俺っちのキャラクターも徐々に浸透していった。2003年5月29日、後楽園ホールで坂田亘さんとやったシングル戦は「葛西純　ZERO－ONE入団テストマッチ」と銘打って、俺っちが勝ったら正式にZERO－ONEに入団できるというものだった。

試合は場外戦の展開になってレフェリーは場外カウントを続ける。俺っちはリングに戻ろうとしたんだけど、坂田さんは俺っちのタイツから生えたシッポをつかんで止めようとする。そこで俺っちはつかまれたタイツごと脱ぎ捨てて、ギリギリで生還してリングアウト勝ちを拾った。

当時としては、こういう勝ち方はギャンブルだったと思うけど、すごく盛り上がったし、ZERO－ONEファンのお客さんも俺っちのことを認めてくれた試合だったと思う。それからZERO－ONEマットでは俺っちのコミカルなキャラクターを強調したような試合が増えていった。それはそれで楽しかったんだけど、巡業を重ねていくと、だんだん「最初に聞いていたことと話が違うな」と思うことが増えてきた。

橋本さんの付き人の件もそうだし、外国人軍団に所属して、旗振ってスポークスマン的なポジションでやるっていうプランもいつのまにか立ち消えになった。気づいたら第一試合あたりで、コミカルマッチをするポジションになっていた。

大日本プロレスで、トップを張ってデスマッチをやってたころの充実感が懐かしく思えてきて、「何か俺のやりたいことじゃないな」というモヤモヤした気持ちを感じるようになっていた。

何でもやるサラリーマンレスラー

そんなころ、橋本さんが主演する『あゝ!一軒家プロレス』という映画の撮影が始まった。

俺っちは付き人として、現場の橋本さんに付いてなくちゃいけない。それになぜか俺っちも映画に出演することになって、軽井沢のロケ現場に1週間ぐらい籠もって撮影することもあった。

実はこの時期に、俺っちに待望の長男が生まれていた。子供は本当に可愛くて、できるだけ一緒にいたかったんだけど、試合がない日もずっと映画の撮影があったりして、子供にも満足に会えない状態が続いていた。

リングの内外で、いろいろ言いたいことはあったけど、当時の俺っちは完全にサラリーマンだった。ちゃんとお給料もらえるなら何でもやりますよ的なスタンスで、会社から「ハッスルに出てください」と言われれば「喜んで」という感じで、与えられた仕事をこなすような日々だった。

そうこうしてるうちに、ZERO－ONEもだんだん雲行きが怪しくなってきた。俺っちからはどんな事情だったのかよくわからないけど、橋本さんとフロント陣が対立して、結果的に橋本さんが辞めることになって、団体も新たに「ZERO1－MAX」という名前になった。

選手たちは心機一転頑張ろうって気持ちではあったんだけど、橋本さんが抜けた穴は大きくて、魅力的なカードが組めなくなって、お客さんも目に見えて減っていった。そうなると、会社の雰囲気も悪くなってくるし、ギスギスしてくる。この流れは体験したことあるなと思ったら、大日本でＣＺＷが抜けたあとの感じに似ていた。それで案の定というか、経営が厳しくなり始めた。

「ＺＥＲＯ1の葛西純、このベルトに挑戦してこい！」

そのころ、たまたま家で『サムライＴＶ』を見ていたら、大日本プロレスが横浜文化体育館で開催した旗揚げ10周年記念大会の中継をやっていた。

メインイベントでは、あのガリガリで細かった伊東が、いつのまにかデスマッチのベルトを持っていて、非道さんを相手に防衛戦をやっていた。

「伊東がデスマッチのチャンピオンか……。それに引き換え俺は何をやっているんだろう」なんて思いながら眺めてたら、伊東が試合後のコメントで「このベルトに挑戦してくるヤツ、この団体にいねぇのか？　いねぇんだったら俺から次の挑戦者を指名するよ。ＺＥＲＯ１の葛西純、このベルトに挑戦してこい！」みたいなことを言った。

伊東の口から俺っちの名前なんて出てくると思わなかったから、本当に「え？」ってなったんだけど、次の瞬間に「葛西純は伊東竜二とデスマッチをやらなきゃいけない」と確信した。

ZERO1退団

その翌日ぐらいには、大谷さんに電話して「やりたいことができたのでやめさせてください」とお願いして、ZERO1を退団することになった。ZERO1側も、「葛西選手がプロレスラーとして他にやりたいことがあるのであれば」と俺っちの意見を汲み取ってくれ、引き留められることもなかった。

ただ、みんなで足並みそろえて頑張っていこうという時に、抜ける人間が出てくるというのはどうなんだ?という空気は感じた。でも、そうも言っていられない。俺っちの人生だし、葛西純にはやらなきゃいけないことがある。

やめたはいいけど、立場としてはフリー。伊東とデスマッチをやるどころか、俺っちが上がれるリングがあるのかどうかもわからなかった。

退団の会見をして帰ってきてから、すぐ金村キンタローさんに電話をした。金村さんはZERO1にも出ていて一緒になることも多かったんだけど、以前から「ZER

０１は葛西のいるところじゃないよ」と言ってくれていた。それで金村さんに「退団しました」と言ったら、「おう、わかった。じゃあ俺から登坂に電話しておく」と。こっちから「大日本に上がりたいんですけど」なんて一言も言ってないのに、金村さんは俺っちの気持ちを見透かしたように「登坂に次のホールに葛西を入れるように言っておくわ」と、すべてを決めてくれた。

©YUJI OZAWA

CRAZY MONKEY JUN KASAI

第七章

伊東竜二との決戦

大日本プロレス復帰

俺っちは大日本プロレスをやめる時に相当揉めてるから、またそのリングに上がることに対して躊躇がなかったと言えばウソになる。でも、時計の針はどんどん進んだ。俺っちは、ZERO1を退団した1週間後の2005年2月22日に、大日本プロレスの後楽園ホール大会のメインイベントに上がることになった。

デスマッチ自体も数年ぶりだし、しかも後楽園ホールのメイン。カードは「伊東竜二&金村キンタロー&MEN'Sテイオー VS 葛西純&BADBOY非道&佐々木貴」に決まった。

試合前から、もうテンション上がりっぱなしのモチベーション上がりまくり。入場した時のファンの歓声が「お帰りなさい」的に聞こえたし、ゴングが鳴って試合が始まってからも体が素直に動く。

デスマッチに対して「これだ!」という感覚になったし、我ながら本当に水を得た魚だなって思った。

伊東竜二VS葛西純のはずが……

伊東とデスマッチで対戦するのは、この時が初めて。あのヒョロヒョロだった伊東がどこまでやれるのかと期待していたけど、正直に言って「まあ、こんなもんか」という手応えだった。

この試合は佐々木貴が伊東に3カウントを取られて負けてしまった。

俺っちは試合後にマイクを持って、「伊東竜二、オマエの呼びかけで戻ってきた。そのベルトに挑戦させろ！」と叫んだ。

すると、横から出てきた貴がマイクを奪って、「ベルト狙ってんのはオマエだけじゃねぇんだよ。伊東、俺にベルト挑戦させろ！」と言いだした。

会場中のファンが大ブーイングだった。

この時の俺っちは、佐々木貴というレスラーは知っていたけど、ほぼ初遭遇。どこか会場で会って挨拶をしたことはあったけど、世間話もしたことがなかった。

貴は俺っちが大日本に戻ってくる少し前にＤＤＴ（ＤＤＴプロレスリング）を辞めて、デスマッチに身を投じて、伊東の持っているデスマッチヘビーのベルトに挑戦しようと目論んでいた。

貴にしてみれば、せっかく流れをつくってたのに、いきなり葛西純が大日本に乗り込んできたから面白くなかったんだとは思う。

ただこの時のお客さんは、完全に葛西純と伊東竜二のタイトルマッチを望んでいた。「佐々木貴？　誰だよオメエは！」「引っ込んでろこの野郎！」というヤジが飛び交った。

あとから聞いたんだけど、この時会場でブーイングをしていた観客の中に、まだデビューする前の竹田誠志がいた。竹田も貴に向かって「顔じゃねえぞ！」とヤジっていたらしい。

俺っちは、デスマッチに対する気持ちは誰にも負けてねぇということを確信したから、伊東とシングルをやって、その違いをわからせてやりたかった。

それから俺っちは伊東とのシングルマッチを狙って、大日本プロレスに継続参戦するようになった。お客さんの支持はあったし、伊東竜二対葛西純のデスマッチを早く見たいという声も大きくなっていたから、これはもう次のビッグマッチとなる文体で組まれるだろうな、とタカをくくっていた。

いざ、文体のカードが発表になったら、伊東のタイトルマッチの相手は貴だった。え？

あんなに観客からブーイングを食らっていたのに、大日本のフロントは何にもわかってねぇな。じゃあ俺っちは誰とやるんだと思ってカードを見たら、〝黒天使〟沼澤邪鬼とのシングルマッチが組まれていた。

〝黒天使〟沼澤邪鬼

ヌマは2年後輩で、俺っちがまだ大日本にいた時に接点はあった。でも、そこまで仲が良かったわけじゃなく、普通の先輩と後輩の間柄で、プライベートで一緒に遊びに行ったりとかはなかった。ただ、当時からデスマッチ志望というのは聞いていて、俺っちがZERO－ONEに行ってる間に「〝黒天使〟沼澤邪鬼」という名前になって、デスマッチをやっていることは知っていた。

俺っちを伊東とやらせないで、ヌマとシングルというのは、大日本側に何か思惑があるのかもしれない。だったら、伊東と貴にはできない試合を、俺っちとヌマでやってやる。そう考えて、カミソリを出すことにした。

カミソリというアイテムは、以前から使ってみようと案を練っていたものではあった。

実際に、非道さんとシングルが決まった時に出してやろうと思っていた。伊東と貴の試合は、どれだけ血みどろになろうが最後はやっぱり爽やかに終わるだろう。じゃあ俺らは対極の、ドロドロした本当に生きるか死ぬかの試合を見せてやる……。

死を覚悟させた綺麗な夕日

文体の試合の前日、カミさんとまだ2、3歳くらいだった長男と一緒に「スーパービバホーム」というホームセンターへ行って、板と発泡スチロール、それにカミソリの刃を買い、大日本の道場に運び込んで「カミソリボード」を作った。

それを積んで車で帰っている時にカミさんが「あんなの試合に出して大丈夫？」と珍しく話しかけてきた。

「まぁ死ぬことはないだろうけど、大ケガでもしたらバッシングされるよ？　とにかく、コレは今回だけにしてね」と言われた。

それで家に帰ってきて、こんどは息子をベビーカーに乗せて、家族3人で近所のスーパーまで夕飯の買い物に行った。

その時に見た、街に沈む夕日がすごく綺麗で、ふと「もしかしたら、こうやって家族3人で夕日を見るのも今日が最後になるかもな」と思った。さっきのカミさんの一言が引っ掛かって、試合前に初めて死を覚悟した。

「045邪猿気違'S」結成

6日8日の文体当日。俺とヌマのシングルは第5試合目に組まれ、試合形式は「MADNESS OF MASSACRE『狂気の殺戮』有刺鉄線ボード&カミソリ十字架ボード+αデスマッチ」と銘打たれた。

覚悟していたとはいえ、カミソリボードの威力はすさまじく、お互いに血みどろの展開になった。最初は歓声を送っていたお客さんも、だんだん静かになっていき、最後はドン引きだった。

でも、自分的にはドン引きさせるつもりでやった試合だし、それはそれで勝ったと思った。伊東と貴のメインイベントのほうがお客さんは沸いていたかもしれないけど、その試合形式は「蛍光灯300本マッチ」。あのころ、大日本でデスマッチをやっているレスラーだったら、誰でもある程度はできる。だけど、俺っちとヌマがやった試合は、二人にしかできない試合。だから客がドン引こうが何しようが、今日は俺らの勝ちだと思った。

試合後、俺っちはヌマと「０４５邪猿気違'ｓ」というタッグを結成することにした。ヌマは、当時の大日本の中で伸び悩んでいるように見えたから、スタイル的にもデスマッチの考え方も近い俺っちと組んだほうが上に行けるだろうと思った。

ヌマは、俺っちのタッグパートナーとしてすごく優秀だった。ドロドロのデスマッチもできるし、コミカルな試合もできる。

地方へ行って初めてのお客さんを沸かせる試合もできるし、もちろんメイン級の壮絶な試合もできる。ただ、ヌマの性格の優しさが出てしまうこともあった。

俺っちに対して一歩引いてしまうというか、葛西純を立ててやろうという気持ちが出てくるから、パートナーとして対等の関係になり切れない。

ただ、この当時は「デスマッチ新世代」と呼ばれた先輩たちがすでに一線を退いていたから、葛西純、伊東竜二、佐々木貴、〝黒天使〟沼澤邪鬼の４人がジャパニーズデスマッチの最先端だったし、試合のクオリティはどんどん上がっていったと思う。

だが、俺が目指していたのは伊東とのタイトルマッチ。このころは、コメントを求められると「伊東から取ったベルトじゃないと意味がない」とよく言っていた。

そもそも俺っちは、ベルトやタイトルというものに対して、そんなにこだわりがない。このタイミングでベルトを持てば発言権が増すとか、団体として面白くなるんじゃないかというのはあるけど、そのための道具でしかない。だから、ベルト取ったら飲み屋にまで持っていっちゃうとか、年賀状にどうしてもベルトを持った写真を使いたいとか、そういうレスラーの気持ちがイマイチわからない。

カミさんと抱き合って泣いた日

タイトルは二の次、とにかく伊東を追い込んで、そろそろ一騎打ちか、というムードが高まっていたころ、俺っちの体に異変が起きた。

WWSという、ミスター・ポーゴさんがやっていた興行に出て、試合が終わって伊勢崎でメシを食って、電車で家に帰ってきた。

疲れがひどくて、帰宅するなり寝た。真夜中になって猛烈に腹が痛くなってきて目が覚めた。脂汗流しながら寝ているカミさんを起こして「めっちゃ腹痛いんだけど」と言ったら、「夜中で病院もやってないから、明日朝起きてまだ痛かったら近所の内科に行ってきな」と諭された。

「そういうレベルじゃねえんだけどな……」と思いながら、胃薬だけ飲んで寝ようとしたんだけど痛くて寝られない。

そのまま朝になって、カミさんに頼み込んで総合病院に連れてってもらった。受付に「どうにもこうにも腹が痛いのですぐに診てもらえないか」って言ったら、「順番がありますし、ちゃんと自分の足で歩けてるくらいだから大丈夫でしょ？　しばらく待っていてください」と言われて、受付のベンチに横になりながら1時間くらい待っていた。

ようやく医者に診てもらえて、「ちょっとレントゲン撮ってみましょうか」と言われて撮ったら、「それじゃこっちも」みたいな感じでCTも、MRIも撮った。

あれ、CTとかMRIなんて予約がないと撮れないんじゃないのかな?なんて思ってたら、検査しているうちに、どんどん医者や看護師さんが増えてきて、ただごとじゃない雰囲気になっていた。

検査が終わって、医者に呼ばれた。

「結果から言えば、腸重積、腸閉塞。小腸に赤ん坊の拳ぐらいの腫瘍ができていて、その影響で虫垂炎も患っている。即入院で、即手術です」と告げられた。

一般的にこういう腫瘍は大腸にできることが多く、小腸というのはすごく珍しいケースだと説明された。

「最悪の場合、その腫瘍がガンの可能性もあります。とりあえず良性か悪性かは、腫瘍を取って調べない限りはわかりません……」

俺っちはこんな風貌だけど、根はネガティブだから、医者にそう言われた途端に「これはガンだ。終わった」と思った。

入院する病室へ連れて行かれて、看護師さんにベッドの用意をしてもらって、「では、お大事に」と言われて看護師さんがいなくなった瞬間、カミさんと抱き合って号泣した。

「もう俺は先がないかもしれないから、息子を頼む」ぐらいのことを言った。

カミさんが帰ってしばらくしたら、病院へ来た時に対応してくれた受付の人が血相変えて来て、「本当に申し訳ありませんでした。普通の人は、あんな痛みがある状態で自分の足で歩いて病院に来ないので……」と謝られた。俺っちは痛みに強いほうではないんだけど、痛みに慣れてしまうのも良くないな、と思った。

入院中は、さすがに伊東のこともデスマッチのことも考えなかったし、プロレスに対する気持ちもポーンと抜けた。

生きるか死ぬかという心境だったし、どちらかと言えば死を覚悟した。念願だったプロレスラーにもなれて、お客さんの前で試合をして、普通の人では経験できないことを散々やってきたから、ここで死んだとしてもいい人生だったな、と自分を納得させた。

ただ、家族を残して先に逝くのは申し訳ないと思った。

バイト生活

結果的に、腫瘍は良性で、ガンではなかった。とはいえ、しばらくは静養しなくてはならない。

プロレスラーとしては「内臓疾患で長期欠場」という立場。お見舞いには大日本の選手も来てくれたし、珍しく登坂栄児も来てくれた。

金村さんは、「葛西純エイド興行」を開催してくれて「欠場中の生活費に充てろ」と、売上金をぜんぶくれた。本当にありがたかった。欠場中に入ってきたお金はそれぐらいで、貯金はすぐに底を突いた。仕方ないので、買ったばかりで全然乗ってなかったステップワゴンを売って生活費の足しにした。

このころは、タイミング的にもＺＥＲＯ１を辞めて、いちばんカネがないころだった。フリーとして大日本に上がり始めた時も、それだけじゃ食えないからこっそりバイトもやっていた。倉庫の仕分け作業とか、パン工場でイチゴのヘタを取ってショートケーキにひたすら置いていく作業とかもやった。

どこかでプロレスファンが見ていたらイヤだなと思ったけど、生きていくためには仕方がない。それでもプロレスを辞めよう、という気持ちにはぜんぜんならなかった。欠場中に、さらにモチベーションは高まった。生きて、試合ができるんだから、ここから死にもの狂いでやってやる。デスマッチでのし上がって、有名になって、家族に一軒家を建ててやる。

ハングリー精神というより、「いつか見ていろ」という気持ちで復帰を目指していた。

アパッチプロレス軍に加入

内臓疾患で入院して、一時はもうダメかと思ったけど、順調に回復して復帰できることになった。約5カ月間も欠場してしまったから、試合をしたいというよりも、早く働いてカネを稼がなきゃ、という気持ちが強かった。

立場としてはフリーだったから、自分から動かないと何も始まらない。

当時、デスマッチを頻繁に行っていたのは、古巣の大日本プロレスと、金村さんが中心となって旗揚げしたアパッチプロレス軍だったから、この二つのリングを主戦場にしようと考えていた。

俺っちが休んでる間に機運を失ってしまった伊東戦に向けてもイチから流れをつくり出さなきゃいけない。

この時の大日本プロレスのチャンピオンは貴。俺っちはベルトを持ってる伊東に挑戦したかったから、まずは伊東に大日本のトップに立ってもらわなきゃならない。

それで伊東とタッグを組んで、まずは貴を倒してこいと、送り出すことにした。この時に限らず、葛西VS伊東という流れになると、なぜか貴が絡んでくるから、邪魔で仕方がなかった。

貴とはアパッチで一緒になることも多かったけど、あいつはあいつで「たかし軍団」とかいうヒールユニットを組んでたから、俺っちとはあまり接点がなかった。

そんなころ、アパッチの興行のあとに打ち上げがあって、歌舞伎町の飲み屋に出場選手が集まってみんなで飲む機会があった。夜も深まって、みんな酔っ払ってきたあたりで、金村さんが「葛西、オマエ、フリーでやっててもしゃーないやろ。うちの所属になれや」と言ってきた。

反射的に「イヤです」と返した。俺っち的には、フリーで身も心も自由にやっていこうと思っていたから、このタイミングでどこかの団体に所属するということはまったく考えてなかった。

でも、金村さんは「オマエ、所属っちゅうてもな、ウチは自由やぞ」としつこく誘ってきて、俺っちも「いや、フリーのほうが自由だと思いますよ」みたいな不毛なやりとりを繰り返していた。

さらに夜が更け、かなり泥酔してきたころに、金村さんが「よし！　今日から葛西は所属にする！」と言いだして、「じゃあ契約書を書くぞ」と、店にあった何かのチラシの裏に「契約書　死ぬまで奴隷」と書いて、差し出してきた。俺っちもベロベロだったので「わかりましたっ！」ってハンコを押した。すると金村さんが「これでオマエは死ぬまで俺の奴隷や！」って得意げな顔で言ってきたから、俺っちはその契約書を奪い取って口に入れて飲み込んだ。

そういうくだらないやりとりがあったことは事実なんだけど、その翌日から俺っちはアパッチプロレス軍の所属選手になっていた。

当時のアパッチには、金村さん、黒田哲広さん、非道さん、ウインガーさんあたりがトップで、それに貴、GENTAROがいて、マンモス佐々木がそのあとくらいに入ってきた。あと、新宿鮫さんもいた。金村さんの言った通り、所属選手たちは自由で、みんな好き勝手やっていたから、それなりに居心地は良かった。

「マスターズ・オブ・ペイン」

この年の夏くらいに、CZWのころから日本に来ていたマッドマン・ポンドが「9月16日に俺の団体でデスマッチトーナメントをやるからアメリカに来てくれ」って誘ってきた。俺っちは「行く、行く」と二つ返事で引き受けることにした。

それがIWAイーストコーストという団体が主催した「マスターズ・オブ・ペイン」という大会で、この時が記念すべき第一回。デスマッチだけのワンデイトーナメントをやるという。

俺っちにとっては久しぶりのアメリカ遠征で、知り合いの英語のできる男の子と一緒にウエストバージニア州のサウスチャールストンという街まで行った。

大会前日にちょっとリングでもチェックしておこうと、会場まで行ってみた。リングはまだできてなかったけど、若いレスラーやスタッフが一生懸命デスマッチアイテムを作ってたりして、独特の熱気があった。

その会場の裏口あたりに人が集まってワイワイやってるから、何やってんだろうって覗きに行ったら、みんなでマリファナ吸ってたりして、これはヤバいところに来ちゃったかも、と少し思った。

しかし、この大会は意外にもグレードが高くて、当時のアメリカのインディー界隈で活躍していた名だたるデスマッチファイターが参戦していた。俺っちの初戦はミスター・インサニティーことトビー・クラインとの「ノーロープ有刺鉄線　レッドロブスターデスマッチ」。

リングに散らばったロブスターの上にジャーマンを決めて勝ち上がった。

2回戦は主催者のマッドマン・ポンドとの蛍光灯デスマッチ。

これにも勝って、決勝の相手はJCベイリーだった。有刺鉄線と釘板ボードが設置されたリングで、かなりハードな試合になったけど、何とか勝利をもぎ取って、優勝を果たした。

JCベイリーはイカれたヤツで、見どころのある選手だったけど、この試合の4年後に27歳の若さで亡くなってしまった。

それもあって、マスターズ・オブ・ペインは俺っちにとって思い出深い遠征になった。マッドマン・ポンドは、愛すべきバカというか、子供みたいなところがあるので、俺っちとは気が合った。最近は何やってるかわからないけど、いつかまた狂い合いたいね。

〝尊敬している〟本間朋晃とのタッグ

優勝を引っさげて帰国してからも、俺っちはデスマッチで暴れまくった。このころのアパッチのリングは混沌としていて、新日本プロレスから真壁刀義が参戦していたり、リキプロの「LOCK UP」と対抗戦をやったりしていた。

そんなころ、本間さんがアパッチにやって来た。本間さんは大日本プロレスをランナウェイしてからいろんな団体を転々として、全日本プロレスに所属。

それも辞めてアパッチに流れ着いた。

あの人もいろんな場面で「バカだな」とは思うことはいっぱいあるんだけど、プロレスラーとしてリスペクトしてる部分のほうが若干上回ってる。俺っちにとっては大事な先輩だ。

本間さんは久々にデスマッチに参入したんだけど、本人としてはやりたくなかったみたいだった。すでに少し潰れかけてた声で「俺は大日本にいた時は無駄にデスマッチアイテムに突っ込んでたけど、いまはもう逃げまくるよ！」と豪語していて、デスマッチに対する熱意はもうなかった。

でも俺っちは大日本にいたころから、本間さんとはいつかは組みたいと思ってたから、まさかこのタイミングで一緒になると思ってなかったし、タッグを組んでWEWのベルトを取れたことは素直にうれしかった。

初めてのプロデュース興行

年末が近づいてきたころ、アパッチにフロントとして関わっていた伊藤豪さんから「葛西くんも人気出てきたから、そろそろプロデュース興行でもやっちゃおうよ！」ととつぜん声をかけられた。俺っちも「いいっすね」みたいな軽い感じで答えてたら、２００６年12月25日に新木場１ｓｔＲＩＮＧで「葛西純プロデュース興行ＳＴＩＬＬ ＣＲＡＺＹ」が行われることになった。いまだから言うけど、この時の「葛西純プロデュース」は名ばかりで、実際にはほとんど内容にタッチしていない。

ただ、このころのアパッチは金村さん、黒田さんがツートップで、ハードコアマッチ程度の試合が多かったから、もっと激しいデスマッチに特化した別ブランドを立ち上げたいという構想はあった。

名ばかりとはいえ、俺っちにとって初めてのプロデュース興行は8人参加のデスマッチトーナメントとなった。俺っちは1回戦でマッドマン・ポンド、２回戦ではＢＥＮＴＥＮと化したＧＥＮＴＡＲＯとの画鋲デスマッチに勝って決勝進出。相手は本間さん、貴を下して勝ち上がってきたジ・ウインガーだった。

ウインガーさんは、いつも飄々としてて、最初にこのトーナメントにエントリーが決まった時も「デスマッチなんかやりたくないよ」なんて言ってたんだけど、いざ参加したら、すごい粘りを見せて決勝まで上り詰めてきた。

これだから、この人の言うことはいつも信じられない。

決勝の試合形式は「有刺鉄線スパイダーネット　ガラスクラッシュ＋αデスマッチ」。ガラスデスマッチは、大日本で本間とザンディグがやってたのを覚えてるけど、久しくやってなかったから、ここに投入してみた。

試合は凄惨になるし、派手だし、お客さんも熱狂する。これ以降、葛西純プロデュース興行と言えば、ガラスデスマッチが定番になった。

試合はお互いにガラスに突っ込みながら一進一退。俺っちはウインガーさんをテーブルに寝かせて、会場の看板の上によじ上り、ダイブを敢行した。しかし、最後はウインガーさんのダイビング・セントーンを食らってしまい、3カウントを聞いた。

あれだけ「やりたくない」って言っていたウインガーさんに優勝をさらわれてしまった。結果は優勝できなかったけど、このプロデュース興行はお客さんもパンパンに入って評判も良くて、引き続きやっていくことになった。

ガラスデスマッチのダメージ

さっそく、翌2007年3月31日にプロデュース興行第2弾「anarchy in the crazy monkey」を開催した。俺っちは対戦相手にヌマを指名して「ガラスクラッシュ＋αデスマッチ」に挑んだ。俺っちもヌマも望んでいた、ドロドロした人間くさいデスマッチを体現した試合になった。

ただ、改めてガラスデスマッチのダメージの大きさを感じた。蛍光灯はスパッと切れるんだけど、ガラスは皮膚ごと削り取られる。だから、痛いし、出血もすごいし、傷の治りも遅い。ガラス系は、当たって割れるときも痛いけど、破片が散らばったリングで受け身を取るほうがダメージが大きくて、試合が終盤になればなるほどキツくなっていく。だからこそ、ガラスはここぞという時しかやりたくないアイテム。それと、そんなに数を打ちたくないのはコスト的な問題もある。あのガラス板は1枚2万円くらいするから、何枚も使うとカネがかかって仕方ない。

このころには、プロデュース興行ではカネの管理までするようになっていた。良い大会にするためには、それなりの予算を注ぎ込まなきゃいけない。夏にやった第3弾はスケールアップして、新木場1ｓｔＲＩＮＧで3日連続の3連戦。このあとに続く、真夏のデスマッチカーニバルの雛形となった興行だ。

ただ、この時は金村さんがケガで欠場。新世代デスマッチファイターとして注目株だった宮本裕向も欠場になった。

出場選手が限られている中で、俺っちの前に立ちはだかったのが貴だった。貴とは対立はしていたけど、アパッチの中で俺たち世代がトップを取るという目的は一緒だったから、それを内外に見せつけるという意味合いもあった。

初日は俺っちと貴のシングルで試合形式は「素足画鋲1万個デスマッチ」。素足画鋲は何度かやったことがあるんだけど、まともに歩けなくて、試合にならない。

この日は、俺っちも貴も気合が入っていて、しっかりとした攻防のある試合をしたんだけど、結果は負けてしまった。

2日目は、俺っちはヌマと組んで、貴&伊東とタッグ戦。蛍光灯や有刺鉄線ボードが設置されたリングで荒々しい展開になったけど、最後は俺っちが貴にリバース・タイガードライバーを決めて前日の雪辱を果たした。

最終戦は、再び俺っちと貴のシングルで「ガラスクラッシュ＋αデスマッチ」。連戦のダメージがキツかったけど、パールハーバー・スプラッシュで貴から勝利をもぎ取った。

バルコニーダイブ

この日の最後のアピールで、アパッチでWEWヘビー級のベルトを持っていたマンモスに、俺っちが挑戦することになった。

決戦の舞台は2007年10月22日、後楽園ホール。葛西純プロデュース興行だった。マンモスは、試合前からナーバスになっていた。

というのも、この日から6年前の2001年の10月22日、同じ後楽園ホールでハヤブサさんが頸椎を骨折する大ケガを負っていた。その時の対戦相手がマンモスだった。奇妙な符合に、マンモスは何かが起こってしまうかもと心配していたようだった。

試合形式は「4コーナーガラスクラッシュデスマッチ」。ガラス4枚のダメージはすさまじかったけど、俺っちはこの試合では初めてバルコニーダイブを成功させた。

正確に言うと、後楽園ホールのバルコニーから飛んだのは初めてではない。

いちばん最初に飛んだというか、落ちたのは、ZERO－ONE時代にやったホミサイドとのシングルマッチだった。ホミサイドをテーブルに寝かせて、階段から2階に駆け上がって、バルコニーにたどり着いて、いざ飛ぼうと思って下を見たらホミサイドがいない。「え?・」と思ってたら、ホミサイドはテーブルから脱出して俺っちのことを後ろから追いかけてきていて、そのまま襲われて下に突き落とされた。

だからダイブ未遂というか、ひとりでバルコニーから叩き落とされたことはあった。このマンモス戦では、しっかりダイブを決めることができたんだけど、マンモスは異様なタフネスぶりを発揮、すぐに起き上がってきて俺っちの首根っこをつかんでチョークスラムで叩き付けられた。

試合終盤は割れたガラスが散乱するリングで血を流し合い、死力を尽くしたけど、最後は29歳を食らって3カウントを取られてしまった。

プロデュース興行だと、なぜか勝てないというジンクスはこのころから始まっていたのかもしれない。

ちなみに、現在は後楽園ホールも、新木場1ｓｔＲＩＮＧも、バルコニーダイブは禁止となってしまった。あの怖さと興奮は、もう味わえない。俺っちは、こう見えても高いところは苦手だったりする。バルコニーで言えば、新木場1ｓｔＲＩＮＧのほうが足場が狭いから、上って、飛ぶ地点まで行くだけでもけっこう怖い。

後楽園ホールと新木場1stRING、どっちのバルコニーダイブが怖いかなんて比較できる人間も少ないと思うけど、俺っち的には新木場1stRINGのほうが怖かったし、難易度が高いんじゃないかな。

相次ぐ大きなケガ

デスマッチをしていると背中に裂傷を負うとか、何針も縫うとかは当たり前なんだけど、欠場するような大きなケガというのは意外と何気ない場面でしてしまうものなんだ。

2007年11月26日、大日本プロレスの後楽園ホール。俺っちは谷嵜なおきと組んで、貴&宮本裕向と有刺鉄線ボードタッグデスマッチに挑んだ。

試合の終盤、俺っちは場外で貴と揉み合っていて、チョップを打とうと思って左足を踏み込んだ瞬間に左膝がベキベキベキッと音を立てた。激痛が走ったけど、お客さんはリング上の裕向と谷嵜に注目してるから、俺っちの異変には気づいていない。試合はそのまま裕向と谷嵜の間で決着がついて、俺っちは控室まで脚を引きずりながら帰ってきた。

すぐに病院に行って診てもらったら、左膝の半月板損傷。半月板がめくれ上がって関節に挟まってるような状態で、除去しなくちゃいけない。手術後は1週間くらいで退院できるけど、普通に歩けるようになるまで2カ月、試合をするには半年ぐらいかかると言われた。

内臓疾患から復帰したばかりなのに、また半年も休場することになってしまった。プロレスとかリハビリとか考える前に、生活していけない。カミさんに相談したら、その時にカミさんが勤めていた会社がいろいろなホテルにアメニティーグッズを卸してる会社で、そのツテでラブホテルの清掃の仕事を紹介してもらった。

俺っちはプロレスラーになってからもいろいろバイトをしてきたけど、やっぱりどこかで誰かに見られたらイヤだなと思っていた。でも、ラブホテルの清掃なら人目に付かないし、逆にお客さんと極力会わないようにしなきゃいけない。これはいいかも、と思って面接に行ったら、そのホテルの支配人がプロレスファンで、面接中はプロレスの話だけして「じゃあ明日から来てください」ということになった。

ラブホテルでの心霊体験

そこは50室以上もある巨大なホテルで、お客さんもバンバン入るから清掃もかなり忙しかった。それでも、このナイトクリーニングは俺っちに向いていたようで、雨の日も雪の日も風の日も原付で通って働いた。ホテルを行き交う人たちの人間模様も垣間見れたし、働いてる人たちにも良くしてもらって、自分の人生の中でも勉強になったことがたくさんあった。

それ以外にも、ホテルによくある心霊現象みたいなことにも遭遇した。まぁ、わざわざ書くことじゃないし、いまとなっては本当にあったことなのかどうかもわからない。大前提として、あのころは疲れが溜まっていたし、常に寝不足だったし、とにかく普通の精神状態ではなかった。

ホテルの清掃の仕事っていうのは二人一組でやる。お客さんがチェックアウトすると、フロントから指示があって、二人一組で部屋に入って清掃を始める。それが終わったら、今度は「点検確認者」という係がいて、部屋にひとりで入って最終チェックをして、ＯＫが出たらその部屋を空室にして売りに出す、という手順だ。

ある日の、夜中の2時か3時ぐらいだったかな？　その日は俺っちが点検係だったから、清掃が終わった部屋にチェックに入ってくれって言われて、了解って、その部屋に入った。ゴミの取り忘れがないかとか、アメニティーの置き忘れがないかとかを確認してたんだけど、そこの部屋は岩盤浴がついていて、そこもちゃんと清掃できてるかをチェックしなくちゃいけない。それで岩盤浴の部屋に入って汚れがないかを見てたら、俺っちの斜め後ろくらいに誰かの視線を感じるんだよ。

その時は普通に、スタッフの誰かが作業を急かすために来たのかな、なんて思って部屋の中を見渡したんだけど誰もいない。気のせいかな、と岩盤浴の部屋に戻って床をチェックしてたらまた視線を感じる。

それでこんどはそっと、顔を少しだけ後ろにゆっくりと振り向いてみたら、テレビとベッドの間にでっかい真っ黒い影がいた。これはもうヤバい、見てはいけないものを見てしまったと直感して、すぐ点検をやめて、その影のいるところは見ないようにして部屋を出て、フロントに無線で「異常ありません。売ってください」と告げて、違う部屋で点検作業を続けた。

それから1カ月くらい経ったあとに、また点検の係になった。その時も夜中の2時くらいに「点検入ってください」って言われて行ったら、また岩盤浴の部屋。まぁしょうがねえやと、ちょっとビビりながらも点検を始めて、風呂場をチェックしてたら後ろから視線を感じる。何だよと思ってパッと振り返ったら誰もいない。

気持ち悪いなと思いながら点検してると、また視線を感じるから、目だけでそーっと後ろに目線を向けたら、風呂の入り口のドアの上のあたりに、おかっぱ頭で顔がのっぺらぼうの赤い着物着た女の子がいて、その娘の首が音もなくニューって伸びていった。うわ〜と思って速やかに作業を終えて部屋を出て、フロントに無線で「点検終わりました。売ってください」と報告した。

その日の休憩時間に待機室に行ったら、同じバイトで働いてる、「霊感が強い」とみんなから言われてるおばさんがいた。

何気なく「ちょっと前にでっかい黒い影を見て、今日はのっぺらぼうで赤い着物着たおかっぱ頭の女の子を見たんですよ」って言ったら、一発で「それ、岩盤浴の部屋でしょ」と当てられた。

「私も最近あの部屋入るとすごい気持ち悪くて、いろんなもの見るのよ……」

おばさんいわく、その部屋で人が死んだとかそういうことじゃなくて、ラブホテルっていうのは、いろんな事情を抱えた男と女が出会う場所だから、そういう人たちのマイナスの念だけが残って、その部屋にずっと漂ってるということだった。

まぁ、何が言いたいのかというと、こんな経験をするぐらいナイトクリーニングを続けていた、ということ。

半年ぶりの復帰戦

試合が終わったあとはさすがにバイトは入らなかったけど、試合前日の夜から朝の5時まで働いて、家に帰って来てちょっと寝てから試合会場に向かう、というのはよくあった。トータルで5、6年はやっていたから、やっぱり向いていたのかもしれない。

バイトしながらも左膝のケガはなんとか回復して、2008年6月13日に半年ぶりの復帰戦をすることになった。休場している間に大きく変わってしまったのは、アパッチプロレスから金村さんがいなくなってたことだった。

事件は俺っちの欠場中に起きていたことだから、詳しい事情はわからない。だから、金村さんとは挨拶をする間もないまま、進む道が違ってしまった。

この復帰戦は、アパッチにとっても活動再開の第一線で、俺っちはウインガーさんとデスマッチで戦った。

休んでた分を巻き返さないといけない。所属のアパッチだけでなく、いろんな団体に参戦した。DDT、666（暗黒プロレス組織666－TRIPLESIX－）、阿佐ヶ谷プロレス……新宿二丁目プロレスの旗揚げ戦にも出た。

大日本プロレスでは、デスマッチヘビーのチャンピオンだったシャドウWXさんと文体でタイトルマッチにも挑んだ。

蛍光灯ボードに、鉄檻、それに激辛のデスソースを振りかけ合うような展開で、それなりに狂った試合にはなったけど、ベルトには届かなかった。

年末の葛西プロデュース興行で、MASADAとカミソリマッチをやったのも印象深い。MASADAは、以前から大日本プロレスに上がってたけど、持ち味が発揮できてないと思ってたから、この試合で覚醒させたいと思ってた。思惑通り、この試合のあとぐらいからMASADAは風格が出てきて、アメリカでもデスマッチキングと呼ばれるくらいの存在になっていった。

バイト中のケガ

２００９年の頭から、アパッチプロレスは新体制で再スタートを切ることになった。所属選手は、葛西純、貴、マンモス、黒田さん、ＧＥＮＴＡＲＯ、ウインガーさん、神威の７人。１月16日には新木場１ｓｔＲＩＮＧで新体制による最初の興行が開催され、俺っちは貴と「アパッチ式デスマッチ」で戦った。

２月からは大日本プロレスの最侠タッグリーグ戦が始まり、俺っちはヌマとの０４５邪猿気違'ｓで出場。

その最中の３月12日に、大日本プロレスが初めて新木場１ｓｔＲＩＮＧで大会をやるということになり、その一発目のメインはインパクトが欲しいということで、あえてタッグを組んでる俺っちとヌマでシングルをやることになった。

試合形式は「13日の金曜日イヴ三途の川に架ける橋～ｍａｄｎｅｓｓ ｏｆ ｍａｓｓａｃｒｅ」と名付けられ、高さ３メートルの足場を組んで、リングの内外に蛍光灯が散乱するようなハードな展開になった。俺っちは新木場１ｓｔＲＩＮＧの壁をよじ上って、看板のいちばん上からのダイブも敢行した。

この試合の2日後、練習中に右膝の半月板を損傷したということで、葛西純の欠場が発表された。いまだから言うけど、この時のケガは試合や練習中に負ったものではない。ヌマとの試合の翌日、いつものように清掃バイトに入って、夜の19時から朝の5時まで働いていた。

俺っちは風呂の清掃を担当していて、しゃがんで作業すると腰に響くから、横ずわりの体勢で床を拭き上げていた。もうそろそろ大丈夫かなと思って、拭き残しがないか確認しようとそのままの姿勢で上体だけちょっと後ろにひねったら、右膝がベキベキキッて音を立てた。

もう何度も経験してるから「これはもう動けないやつだ」と瞬時に悟った。清掃は二人一組で、その時のパートナーがフィリピン人のリンダさんっていう女性だったので、俺っちは何とか手を伸ばして風呂のドアを開けて「リンダさーん！　ごめん、俺、大ケガしちゃったー」と叫んだらリンダさんが駆け付けてくれたんだけど「カサイさん、ナニ言ってるの？」ってうまく伝わらない。

それでフロントの人を呼んでもらって、その場で簡易的な松葉杖を作って、何とか立つことはできて、そのまま早退。翌日病院に行ったら、前十字靱帯断裂、内側側副靱帯断裂と診断されて、欠場というのが真相だ。

この時はさすがに考えた。こんな短い間に何度も負傷して、欠場ばかりして、これはもう体がついていってない。実はこの時も手術を勧められたんだけど、メスを入れたらまた1年ぐらい欠場しなきゃいけないから、手当てだけしてもらうことにした。

でも、体はボロボロだし、バイトが本業みたいになってるし、生活もキツい。そろそろプロレスに見切りをつけるタイミングかもしれない。

ただ、オレっちにはやり残してることがある。伊東とのシングルだ。

上がらないモチベーション

その舞台はタイトルマッチ、ということにこだわってたけど、そんな状況が整うのも待ってられない。もうベルトもいらないから、とにかく伊東とシングルをやって、それですっぱりプロレスを辞めようと思った。

２００９年５月22日、俺っちは新生アパッチプロレス新木場１ｓｔＲＩＮＧ大会で復帰した。まだ膝の状態が万全ではなかったけど、いつまでも休んじゃいられない。でも、この日は試合直後に金村さんがアポなしでリングに上がってきて、不穏な空気になってしまった。

6月8日には、ヌマ、星野勘九郎と組んで新木場1stRING「恐怖のデスケーキ画鋲3200個&蛍光灯200本3・2・1バースデス6人タッグデスマッチ」、7月12日の文体では「蛍光灯&有刺鉄線ダブルボード6人タッグデスマッチ」、27日の後楽園ホールは小林とシングルで剣山や蛍光灯が大量に飛び交う「KKKデスマッチ」8月23日にはDDTの両国国技館大会に出場、MIKAMIと組んで、ケニー・オメガ&マイク・エンジェルス組を交えたKO－Dタッグ選手権4Wayマッチと試合を重ねたけど、モチベーションはイマイチ上がらない。

そんな中、俺っちが所属していたアパッチプロレスが、金村キンタロー事件を吹っ切るために新たに「プロレスリングFREEDOMS」として再スタートを切ることになった。9月2日の旗揚げ戦では、俺っちは貴と小鹿さんと組んでバラモン兄弟たちとの試合だった。

9月28日の大日本プロレスの後楽園ホール大会では、「ストリートファイト・ドレスアップ6人タッグマッチ」ということで、俺っちはウサギの着ぐるみを着て、ハッピ姿の伊東と試合をした。

　正直、こんなことをやってる場合じゃないという気持ちが強くなってきた。

「おい伊東！　もうお互いに時間ねえんだ」

　10月1日には、大日本プロレスによる「演劇とプロレスの融合」を目指したシェークスピア劇シリーズの第二弾として「ロミオVSジュリエット Love of deep blood」という興行をやるということになった。

　俺っちはロミオ役で、ジュリエット役はなぜかヌマ。劇中に出てくる「毒薬」のために、ザ・グレート・カブキさんから毒霧の使用許可をもらうとか、よくわからないことになっていた。

　このイベントはお芝居の部分があってセリフを覚えなきゃいけないんだけど、最後に俺っちとヌマで普通にシングル対決をするという趣向だった。

　この時、演出家の人から「試合が終わったらアドリブで思ってることを喋ってください」って言われてたから、ヌマに勝って試合が終わって、喋りだしたら感極まってしまって、泣きながら「正直、あと何年できるかわからない」とか、思ってることをぜんぶ言ってしまった。

ラブホテルの清掃バイトをやっていて常に睡眠不足だし、プロレスでも自分のやりたいことができないし、体もボロボロ。引っ張ってもしょうがないから、もう年末までに伊東とやって、それで引退するって決めた。

このあと、10月26日に大日本プロレスの後楽園ホール大会で「蛍光灯200本凶器持込3WAYタッグデスマッチ」をやって、俺っちが勝ったわけでもないのに、これが最後のチャンスだと思って試合後にアピールした。

「おい伊東！　もうお互いに時間ねえんだ。次の後楽園、テメエとシングルでやってやる！」

大日本プロレスとしては、12月の文体でチャンピオンの防衛戦に、次期挑戦者の貴が挑戦するという流れをアピールする場だったんだけど、俺っちはそれをブチ壊して控室でもコメントした。

「あいつとの戦いは因縁とかそういうもんじゃねえんだ。葛西純というひとりのレスラーと、伊東竜二というひとりのレスラー、その戦いだ」

「俺っちと伊東の戦いはドラマとかそんなもんじゃねえんだよ。人生対人生なんだよ」

関係者にしてみれば、やや唐突だったかもしれない。

でも、このアピールで、1カ月後の11月20日後楽園ホールで俺っちと伊東の一騎討ちが決まった。試合形式は「カミソリ十字架ボード＋αデスマッチ」。

もう勝っても負けても関係ないし、いい試合をしてやろうっていう気持ちもなかった。ただ一つのケジメとして伊東とやらなきゃいけないという想いだけだった。

試合当日の出来事

この日は、試合前のこともよく覚えている。

このころは息子が保育園に通ってたんだけど、なぜか思うところあって、この日は保育園を休ませて、俺っちは息子を連れて近所の公園に行って二人で遊んだ。帰りに近くのスーパーに寄って、お寿司を2つ買って、家で息子と食べてると、カミさんが仕事から帰ってきた。俺っちとカミさんと、あと、この試合を見ておきたいっていう知り合いの夫婦でウチの車に乗って、後楽園ホールに向かった。

カミさんには、今日の試合で辞めるなんてハッキリ言ってなかったんだけど、何となく感づいていているようだった。勝っても負けても試合後に「今日で引退する」と言う。そう決めると、不思議と緊張しなかった。いままででいちばん緊張しなかった試合かもしれない。とにかく自分がいま持ってるものを出し切ろう。それだけを考えていた。

会場に着いて、控室に向かって通路を歩いてたら、たまたま伊東とすれ違った。もちろん言葉は交わさなかったけど、もう見ただけで伊東がガチガチに緊張してるのがわかった。普段からノンビリしてる伊東が、今日は緊張するんだなって、他人事のように見てた。

控室で身支度を整えたら、俺っちたちの前に試合してた貴が戻ってきた。そこで貴に「今日のお客さんどう?」って聞いたら「まぁまぁ入ってるよ」って軽い感じで答えた。そうか、それならいつもの大日本プロレスと同じくらいの「入ってる」感じかなと思った。リングの準備が終わって、メインイベントの時間になった。俺っちの入場曲が流れてきて、息を整えて鉄扉を開けて、会場にパッと出たら、いままで感じたことのない歓声が聞こえてきた。目を凝らすと、見たことないくらいの数のお客さんがビッチリと席を埋めてた。「何だよ貴、言ってること違うじゃん」って思いながらリングに向かった。

いま思えば、貴は俺っちに気を使って軽めに言って、変にプレッシャーをかけないようにしてくれたのかもしれない。コールを受けている時から、とにかくお客さんからの歓声がすごくて、ものすごい盛り上がりだった、こうなったらとことんやってやろう。

俺っちの人生で、こんなに楽しいことないな

試合が始まると、歓声はより大きくなった。動けば沸くし、技を受けても沸く。とにかく楽しいし、気持ちいい。伊東も楽しそうで、思わず笑みがこぼれている。試合しながら、今日でプロレスを辞めるのはいいけど、これがなくなったら俺っちは何を励みに生きていけばいいのかなって思い始めた。

場外戦になって、伊東を机にガムテープで縛り付けて、バルコニーに向かって階段を上がってる間も頭の中では「俺っちの人生で、こんなに楽しいことないな。これ辞めちゃったら俺どうなっちゃうんだろう」とか、そんな想いが巡る。そのままの勢いで6メートル下の伊東を目がけてダイブした。この高さから飛んだら、膝をやって動けなくなる可能性もあったけど、そんなことまったく考えてなかった。

だんだん観客の声も気にならなくなるくらい試合が楽しくて、気がついたら試合時間は残りわずか。何度も肩を上げる伊東に、最後は無我夢中で有刺鉄線サボテンにリバースタイガードライバーを突き刺してカウント3。

残り時間15秒、記録は「29分45秒 片エビ固め」で勝った。

試合後のマイクで「ハッキリ言って年内引退考えてたよ。でも両膝ぶっ壊れるまでやってやるよ。ビコーズなぜなら、オメエらみたいなキ○ガイがいるからだ！」。

控室でも記者相手に言葉があふれた。

「傍から見れば、こんだけ血流してこんだけキツいことして、大変ですねって思うかもしんねぇよ。でもよ、オマエら常人には理解できねぇかもしんねぇけどよ、あのリング、あのデスマッチのリングこそが俺っちの生きる糧なんだよ。俺っちが唯一輝ける場所なんだよ」――。

プロレス大賞のベストバウト受賞

この試合のひと月後くらいかな。夕方に息子を保育園に迎えに行って、それから車で「アピタ」っていう商業施設で買い物をして、家に帰る途中のこと。信号待ちしてたら急におなかが痛くなって、とにかく猛烈にウンコがしたくなった。

これはトイレまで持つかな、やベーなって思いながら運転してたら携帯電話が鳴った。何だよこんな時に、って思ったけど、車をちょっと止めて、携帯に出た。

電話は当時、大日本プロレスにいた李日韓からで、いきなり「葛西さん知ってます?」って言うから、「知らねぇよ。いきなり言われても何のことだかわかんねぇよ」って答えたら、日韓が「東スポのプロレス大賞のベストバウトを葛西さんと伊東さんの試合が取りました」って。えーーっ!って、めっちゃ驚いて、ウンコが引っ込んだ。

そこから家に着いて息子と妻だけ置いて、こんどはひとりで大日本の道場に向かって、そこで東スポの取材を受けた。俺っちはプロレス大賞なんてものとは無縁だと思ってたし、狙ったこともなかった。けど、取ってみるとやっぱり周りの見る目が変わったというか、俺っちにも伊東にも、デスマッチそのものにも箔が付いた。

それまでも大日本プロレスでは毎試合のように伊東とタッグで当たってたんだけど、賞を取ってからは、先発で俺っちと伊東が出るだけで会場がウオーッと沸くようになった。賞を取るというのはこういうことなのかと思った。

ただ、いま「2009年の年間最高試合」をビデオで見返すと、単純に「もっとできたな」って思う。試合内容的には普通というか、大したことをやってない。ただ、あの試合はやっぱり異質なんだよ。

例えば、ベストバウトを過去に取った試合っていうのは、その試合そのものの評価だけだった。

ただ、あの時は、試合だけでなく俺と伊東の因縁があった。試合にこぎ着けるまでの6年間に俺たちが積み上げてきたすべて、血を流してきたすべて、それに試合後のマイクや控室でのコメントも、ぜんぶひっくるめての評価だったと思う。

ただ、「プロレス大賞」が決まったからといって、1年が終わりじゃない。このあとの12月15日には鶴見緑地でメチャクチャなエニウェア戦をやったし、25日には恒例の葛西純プロデュース「ブラッドクリスマス」があった。

ここでは、俺っちの首を狙って上り調子だった竹田とガラスデスマッチをやった。

こういう試合の時、プロレス記者やファンから「竹田を育ててる」なんて言われることも多いんだけど、俺っちは次世代のデスマッチファイターを育てようという気持ちは、いまも昔も一切ない。ヌマと「スクール・オブ・デス」とかもやってたけど、あれは会社に言われて流れでやってただけ。

　俺っちの本心は、後輩に育ってほしくない。

　新しい世代の選手だろうが、先輩だろうが、他でいい試合をしたら純粋に嫉妬する。そこは間違いない。

　だから、葛西純が辞めたらデスマッチがつまらなくなったって思ってほしい。だって、自分がすごく好きで、人生を捧げてきたものが、自分がやめたあとにめちゃくちゃ盛り上がったりしたら悔しくないか？　仮に自分が引退したら、もうデスマッチは終わったとみんなが感じて、このジャンルが滅んでもいい。

　そんな想いを言葉にしたのが「葛西純＝デスマッチ、デスマッチ＝葛西純」というフレーズ。このころから、俺っちはそんな覚悟で試合に臨むようになっていった。

CRAZY MONKEY JUN KASAI

第八章

引退を懸けた
デスマッチ・トーナメント

ＢＪＷ認定タッグ選手権

プロレス大賞のベストバウトを取ったことで、ファンはもちろんのこと、同じ業界、他の団体の選手からも、「葛西純」に対する見方が変わったような感覚があった。いろんな選手から祝福のメールが届いたし、会場でも「すごい試合でした」って声をかけてくれる人も増えた。同時に、やっかみというか、会っても挨拶してくれなくなった先輩や関係者もいた。

大日本プロレスも、葛西純をただの客寄せパンダじゃなくて、ちゃんと扱おうと思ったのか、連戦に流れが出てきて、俺っちとヌマの０４５邪猿気違'sで、「ＢＪＷ認定タッグ選手権」のタイトルマッチに挑むことになった。

対するチャンピオンチームは、関本と義人の筋肉コンビ。

関本は俺っちが大日本プロレスに入門してから、１年くらいあとに入ってきた後輩になる。

どこかの地方大会で、俺っちが本間さんや藤田さんたちとリング設営して、椅子とか並べてる時に、子鹿さんがゴッツい体で目をキョロキョロさせた坊主を連れてきて、「これ、俺の知り合いに紹介してもらった関本。オマエら頼むぞ」って紹介されたのが最初の出会い。

関本は右も左もわからない様子で、目だけクリクリさせながら「よろしくお願いします」って、挨拶させられてた。

だから、あいつがいまストロング界隈ですごいレスラーだって言われても、どれだけ海外でリスペクトされても、やっぱり俺っちの中での関本は、あの時のクリクリ坊主のまんま。

大日本プロレスの経営が苦しかったころ、関本もデスマッチに踏み込んでたけど、あのころのあいつは目が死んでた。

やりたくてやっているようには見えなかったし、怖がってるのが見てわかった。

それでも体を鍛え続けて、ストロングで地位を確立していったのは立派だし、あの練習欲やコンディションをキープする努力は、後輩ながらリスペクトしている。

義人は、ZERO1時代に一緒だった。それよりも前、俺っちがFMWにスポット参戦した時に、まだ新人だった義人がいて、そこで面識はあったけど、仲良くなったのはZERO1の時。

プライベートでもよく遊びに行ったりしていたけど、あいつは本物のトンパチだから、義人については、当時もいまも話せないことばかりだ。

とにかく、このタイトルマッチの図式はデスマッチVSストロング。俺っちもヌマも、こういうパワーファイターと通常ルールでやるのは得意じゃないと思われてるかもしれないけど、実は大好物なんだよ。

ああいうスタイルの選手はやっぱり体一つで向かって来るし、攻め方も一直線だから、崩しやすい。それに、プロレスは通常ルールでも5秒以内だったら反則は認められている。俺っちはその5秒を駆使する。ああいう一直線レスラーはアタリは強いけど、いかにそれをインサイドワークでいなして、自分のペースに持っていくかっていうのもテクニック。

結果的にこの試合は勝って、045邪猿気違'sでタッグチャンピオンになった。大日本プロレスのタイトルを取ったのは、この時が初めてだった。

ザ・グレート・サスケ

デスマッチでも追い風が吹いてきて、5月4日に大日本プロレスの文体で「日米デスマッチサミット」という試合が組まれた。

かつての「CZWジャパン」を復活させるというコンセプトで、俺っちはニック・ゲージとDJハイドと組んで、相手はヌマ、木高イサミ、竹田。

ニック・ゲージが久しぶりに来日したから、さぞテンション上がってるんだろうなと思ったら、控室で暗い顔をしていた。

試合はどんな感じでいくのかって作戦会議しようって話しかけたら、「眠いからあとにしてくれ」と言われた。何だコイツ、ぜんぜんやる気ねえじゃんと思って試合が始まったら、ニックはすげぇ元気になって、どんどん出しゃばって、止められなくなった。試合は勝ったんだけど、それで気持ち良くなったみたいで、なかなか控室に帰って来なかった。

このあと、6月22日にネクロ・ブッチャーとのシングルもあった。

なぜかこの時、来日したネクロを俺っちが迎えに行ったのを覚えている。

まだ小学校1年生ぐらいだった息子を連れて、クルマで成田空港にネクロを迎えに行って、新横浜のホテルまで送った。この時はこれしか印象に残ってない……。

夏のデスマッチトーナメントでは、1回戦でザ・グレート・サスケさんと試合をした。サスケさんは、俺っちがファン時代から見ていたレスラーで、「スーパーJカップ」で颯爽とダイブする姿が目に焼き付いていたから、そんなサスケさんがデスマッチをやったらどうなるんだろうっていうワクワク感があった。

サスケさんにとって、たぶん初の蛍光灯デスマッチ。でも、まったく怖がっている感じがなくて、そこはすごいなと思った。

試合展開は、俺っちにしてみれば居心地が悪くて、こっちが攻めてもサスケさんがすごいバンプをするからそれでお客さんがワッて沸く。

試合をリードしているのは俺っちなのに、サスケさんにペースを握られたまま、気づいたら俺っちが勝っていたという感覚だった。

このあと俺っちは勝ち進んだんだけど、決勝戦でMASADAに負けた。このころから「葛西純プロデュース興行では、葛西純が負ける」というジンクスが囁かれるようになってしまった。

サミ・キャラハンが飛行機から降りてこない

　年末のプロデュース興行「ブラッドクリスマス」は、違う意味で大変だった。まず、対戦相手がいない。

　伊東とベストバウトを取ったのはいいけど、それを超えるようなデスマッチファイターが出てこない。日本では、ひとしきり誰ともやっていて、新鮮味のあるカードが組めなくなってきていた。だったら、ネクロやＭＡＳＡＤＡに続く海外のデスマッチファイターを呼ぶしかない。

　そのころ、レフェリーの李日韓が「サミ・キャラハンっていう若くてイケイケの選手がいるから、呼びましょう」って提案してくれて、交渉してみたら大丈夫だと。それで俺っちとのシングルを発表して、ビザの手続きも済ませて、あとはサミ・キャラハンが飛行機に乗って、日本に来るだけになった。

「ブラッドクリスマス」は12月25日で、サミ・キャラハンの来日予定は23日。空港までレフェリーのバーブ佐々木に迎えに行ってもらって、サミをキャッチしたら電話をくれるって話になってたんだけど、待てど暮らせど電話がかかってこない。

ようやくバーブから電話が来たんだけど「サミ・キャラハンが降りてこないんです」と泣きそうな声を出している。

サミは飛行機に乗って成田まで来たらしいんだけど、サミ側のビザの申請に不備があったみたいでイミグレーションでストップがかかって、そのまま強制帰国になってしまった。もうチケットも売ったし、ポスターも刷ってるし、「サミ・キャラハンVS葛西純」の記念Tシャツも作ってたけど、このカードは中止にせざるを得ない。

じゃあ、その穴を誰が埋めるんだ、ってことになり、FREEDOMSとしては現状でいちばんいいカードを出すしかないと思って、俺っちとのシングルを貴に頼んだ。貴は「うーん……」と悩んで、「急に言われてもテンション上がらねぇ」とボヤいてたけど、貴も興行側でもあるから、このカードしかないというのはわかってた。

最終的に折れて俺っちとシングルマッチをやったんだけど、この「サミ・キャラハン来日未遂事件」で、いちばんトバッチリを受けたのは貴。ビザの申請や渡航費なんかも、すべてムダになってしまったから。

その後、サミは新日本プロレスとかに参戦してたけど、FREEDOMSと絡むことはなかった。

俺っちは、サミと一度だけアメリカでシングルをやっている。でも「あの時のクリスマスは大変だったぜ」みたいな話は、特にしなかった。向こうも覚えちゃいなかったのか、気まずくて触れないようにしてたのか、わかんないけどね。

バラモン兄弟

２０１１年は年明け早々に、ＢＪＷ認定タッグ王座タイトルを巡ってバラモン兄弟と抗争になった。

１月30日、名古屋のダイヤモンドホールで、バラモンがカブトムシの幼虫とかゴキブリを使ってくるような試合を展開して、タイトルを取られてしまった。俺っちは、こう見えて虫はけっこう苦手で、家でゴキブリが出たら迷わずカミさんを呼ぶ。でも、この試合でゴキブリを繰り出されても、ぜんぜん平気だった。

やっぱりリングっていうのは人を変える。何なら、俺っちもカブトムシの幼虫を口に含んで、客席に吐き出したりしていたからね。

バラモン兄弟はイロモノに見えるけど、実はすごく器用で、ルチャの基礎もしっかりしている実力派タッグ。

試合前にリング上でルチャの高度なムーブの練習をしてる時があって、今日は何か見せてくれるのかなって思うんだけど、試合ではそんなの一切出さない。そこが徹底していてすごい。

ただ、この時はバラモン・シュウにピンフォールを取られてしまった。まさか負けると思っていなかったけど、俺っちはこういう相手に不覚を取ることがある。タイプはちょっと違うけど、このあとにやったアブドーラ・小林もそう。

アブドーラ・小林

2月6日、真冬の鶴見緑地で、Kが頭文字のアイテム(剣山・蛍光灯・カリビアン有刺鉄線・カチ割り氷)を使用する「K―1グランプリデスマッチ」という試合をやった。大日本プロレスの「一騎当千」リーグの初戦だった。

デスマッチファイターとしての小林は、強いか弱いかで言ったら、弱い。ただ、あれだけの体重もあるし、異様にタフだし、一発食らうと返せないモノは持っている。それに何がイヤだって、勝っても負けてもおいしいところを持っていこうっていう執着が強い。

だから、小林とやる時は、いつも変な感じの試合になる。勝つか負けるかよりも、どっちがおいしいところを持っていくかという勝負になるから。

でも俺っちも小林も、技や身体能力よりもワビサビで試合するタイプだから、不思議と手は合う。お客さんからも、俺っちと小林の試合は「あんまり期待してなかったんだけど面白かった」と言われることが多い。

小林は、大日本プロレスでは2年か3年ぐらい先輩になるんだけど、冷静に考えると変わった人だと思う。いつも後輩にイジられて喜んでたからね。

もともとの性格もあるんだろうけど、やっぱり大日本プロレスに入門してきた時に、先輩ばかりで同期がいなかったから、寂しい思いをしてたんだと思う。それで後輩がようやく入ってきて、遊び相手が増えたみたいな感じで、俺っちたちとも同期みたいな感覚で付き合ってくれていた。

良い意味で、偉ぶらないフランクな先輩なんだけど、悪く言えば上下関係をぶち壊してユルくした張本人だ。

『キン肉マン』嶋田先生が絶賛した試合

小林との試合を挟んで、2月12日に今度はバラモン兄弟とのリターンマッチが組まれた。

後楽園ホールのメインイベントだったんだけど、バラモンが持ち込んだアイテムでキャンバスが汚れるのを団体がイヤがったせいか、板剥き出しのノーキャンバス形式になった。

試合の終盤で、バラモンはその板も剥いで、リングに大穴を開けて、俺っちがその奈落に落とされてしまった。リング上では、ヌマがバラモン兄弟と2対1になってピンチに陥っている。その時、俺っちが板をバコーンって飛ばしながら、奈落から生還してヌマを救うという展開になった。

やっぱりデスマッチというのは非日常の世界だから、昔のマンガやアニメ、たとえば『タイガーマスク』とか『キン肉マン』に出てきそうな、突拍子もないシーンを現実化したいなと考えていた時にこの試合が組まれて、それに近いことができたという満足感があった。

そしたら、この試合を、『キン肉マン』の原作者の嶋田隆司先生がたまたま見に来ていて、あとから「あの試合、すごい面白かったよ!」って褒められた。偶然に偶然が重なっただけだけど、俺っちは『キン肉マン』が大好きだから、かなりうれしかった。

宮本裕向

非日常のスペクタクルという意味では、3月22日に裕向とCZWウルトラバイオレントアンダーグラウンドのベルトを懸けてやったガラスボードデスマッチも、そんな雰囲気だった。

俺っちは挑戦者で、まさに死力を尽くした試合展開になった。

裕向は、身体能力に優れてるし、持って生まれたプロレスセンスがある。たぶん、本人はあんまり何にも考えていないと思うけど、試合中にキラリと光る動きだったり、なるほどって思うことをやってくる。

それにヤンキー時代に鍛えたものかもしれないけど、とにかく肝が据わってる。あいつがいろんなビッグマッチに挑むところを見てるけど、試合前に緊張しているのを見たことがない。どんな試合形式でも「なんとかなるっしょ」みたいな感じで、落ち着いてる。

そんな底知れなさが裕向の持ち味なんだけど、この試合の終盤で俺っちは雪崩式のファイヤーサンダーｗｉｔｈガラスボードを食らい、真っ逆さまに首がマットに突き刺さった。その瞬間、首から左半身にかけて痺れが走って、ピクリとも動けなくなってしまった。

ケガはたくさんしてきたけど、試合中に体が動かなくなったのは初めてだったから、直感的に「俺っちのプロレス人生は終わった」と感じた。

それでも時間が経ったらだんだん動くようになったから、無我夢中で試合を続けたら勝つことができた。

試合後、すぐ病院に行ったら左肩の腱板と首を痛めていることがわかった。

肩の痛みを隠して出たトーナメント

しばらくは痺れも残ったし、腕が上がらないからまともなウエイトトレーニングもできなくなってしまった。

ちょうど、この試合の前くらいに町田のゴールドジムに通い始めて、ウエイトやって、ベンチプレスも１４０キロ上げてたんだけど、肩を痛めてからは20キロのベンチプレスのバーすら上げられなくなってしまった。

小田原の病院に名医がいるって紹介されて、そこに車で毎週通ったりもしたけど、やっぱりメスを入れて中身を見ないことには手の施しようがないって言われた。結局手術はしなかったけど、体がキツいと精神的にもくるから、このころは本当ツラかった。

この試合で取ったＣＺＷウルトラバイオレントのベルトは俺っちが保持して、ＦＲＥＥＤＯＭＳの博多大会でＧＥＮＴＡＲＯ相手に防衛。そのあとアメリカに行って、ＣＺＷのダニー・ハボックに負けてベルトを取られた。

肩を痛めたとはいえ、８月24日のデスマッチトーナメントは、俺っちにとって正念場だった。

前年の決勝でＭＡＳＡＤＡに負けてるから、今回はいちばんめんどくさいヤツから片付けてやるって感じで、一回戦からＭＡＳＡＤＡとやったんだけど、この試合に負けてしまった。

その直後に、リングに上がってきたのが吹本賢児だった。

吹本もトーナメントに出場していて、マンモスとやって負けてたんだけど、なぜかリングに上がってきて「葛西はしょっぱいのう。お互い暇になったんだし、2日目、俺と遊んでくれや」とマイクアピールを始めた。

この時、聞いたことないぐらいのものすごいブーイングが会場に渦巻いて、こんなにお客さんが感情をあらわにする罵声があるのかってビビるくらいのレベルだった。

吹本は、俺っちよりもキャリアが1年くらい長くて、関西ローカルを中心にデスマッチなんかもやっていた選手。名実ともに「浪速のドブネズミ」という雰囲気だったけど、あれだけお客さんをヒートさせたっていうのは何かを持ってたんだと思う。実際に、あのブーイングから吹本のプロレスラー人生が狂い始めたからね。

俺っちは、とにかく対戦相手に飢えていたから、吹本との抗争も楽しませてもらった。

この年の「ブラッドクリスマス」も、相手がいねえなぁというところで止まっていた。そんな時に、石川修司がデスマッチでやってもいいみたいな話をチラッと聞いた。すぐにオファーして、いきなりガラスデスマッチで対戦することになった。

修司は、あの体だし、とにかく真正面からいってもツブされる。デスマッチの経験ではこっちが上回ってるから、のらりくらりと痛めつけて、最後にちょっと競り勝つくらいの展開を考えていた。

「デスマッチトーナメントで優勝できなかったら引退」

この年の「ブラッドクリスマス」の会場は後楽園ホールで、メインは葛西純VS石川修司。その2つ前の第4試合でMASADA VS竹田誠志のシングルが組まれていた。竹田がまだそんなにキャリアがないころで、MASADAはそういうグリーンボーイを相手にすると、もう仕留められるだろってころ合いでもいたぶり続けて、ジワジワとなぶり殺すような試合をする。

プロデューサーとしては、この試合は竹田が頑張って10分ぐらいやりゃあ上出来でしょうみたいな計算でカードを組んでたんだけど、MASADAがそういう残酷ショーみたいな試合を30分近くやってしまった。

次のセミファイナルのハードコアマッチが終わって時計を見たら、ホールの撤収時刻が迫っていた。俺っちと修司のメインを15分くらいで終わらせないと、撤収が間に合わず、延長料金で相当な金額がかかってしまう。

これから入場って時に、そんなプロデューサーとしての計算が頭をよぎってしまい、これはもう速攻で勝負仕掛けるしかねえなと決意した。ゴングが鳴ったら飛び出して、2、3分ぐらいでガラスに修司をぶっ込んだ。5分ぐらいでもうバルコニーからダイブして、そのまま休むことを考えないでガンガン攻めた結果、17分14秒で負けてしまった。

修司は、そういう試合をする相手じゃない。

あんなデカいヤツに、何のインサイドワークも使わないで、真っ向からぶつかっていったら、そりゃ跳ね返されるよって話。だから、この時の負けは、すべてＭＡＳＡＤＡが悪いと思ってる(笑)。

負けたけど、試合後にマイクアピールしていたら、撤収時刻が迫ってるから、まだアピール中なのにセコンドがロープとかを外してリングをバラし始めた。それを見たら、すごく悔しくなってきた。俺っちがプロデュースして、選手にオファーして、時間配分も考えながらマッチメイクもしたのに、何でこんな終わり方になってしまったんだろう。

俺っち自身も本意じゃない試合をして、しかも負けている。そんな想いが渦巻いて、思わず「来年のデスマッチトーナメントで優勝できなかったら引退する」と言ってしまった。

そうやって追い込めば、もっと自分がやりたい試合や興行が実現できるんじゃないかと思った。

この「優勝できなかったら引退宣言」をした直後から、俺っちは夏のデスマッチトーナメントに照準を絞った。年明けにはさっそく竹田、吹本と新ユニット「UNCHAIN」を結成した。このユニットは名前の通り縛られるものは何もない。メンバー同士の縛りもない。俺っちたちがもっと自由に動くために、好きなことをするために作ったものだ。

UNCHAINもすぐ軌道に乗って、気力も充実してきた矢先、またアクシデントが襲いかかる。

右膝がベキベキッと音を立てた

4月23日の大日本プロレス高岡大会で、今度は膝を大ケガしてしまった。

試合自体はなんてことない。俺っちとヌマ、小林VSイサミ、竹田、稲葉雅人の6人タッグ。俺っちはコーナーに上って、リングで寝ている竹田に攻撃を加えようと思って飛んだんだけど、目測よりも竹田の距離が遠かった。飛んだ瞬間にそれに気づいて、やべーどうしようって迷いながらタイミングがズレた感じで着地してしまって、その瞬間に右膝がベキベキッと音を立てた。もう立ってられなくなって、そのまま場外にエスケープ。試合は自分抜きで終わった。

医者に行ったら、前十字靭帯断裂、後十字靭帯損傷、内側側副靭帯損傷、膝関節内側の浮腫、内側・外側半月板断裂、関節液貯留、脛骨骨挫傷……とにかく右膝がブッ壊れたということはわかった。

あと3カ月もすればデスマッチトーナメントが始まってしまう。優勝するどころか、出場も危うい。俺っちも焦ったけど、このままじゃドル箱興行が成立しないかもって、貴がいちばん焦っていた。

とにかく、開幕までの3カ月でどうにか治さないといけない。それで、少しでも膝に負担をかけないように、体重を落とした。ケガする前は92キロぐらいあったウエイトを、78キロまで絞った。

本調子ではないけど、何とか出場できるレベルまでは回復して、トーナメントに挑んだ。

1回戦は8月5日の札幌で貴。2回戦は8月19日の大阪で竹田。ガッツリとデスマッチをやってかなりキツかったけど、何とか後楽園ホールまでコマを進めることができた。

8月27日の後楽園ホールでは、準決勝、決勝と、優勝するためには1日で2試合を勝ち抜かなくてはならない。

俺っちの準決勝の相手はイサミ。デスマッチのシングルでイサミとやるのは、これが初だった。イサミはラダーを使った高さのある攻撃を仕掛けてきて、膝も限界だったけど、何とか勝利。決勝戦の相手は、バラモン・ケイとの準決勝を勝ち上がってきたMASADAになった。

試合形式は「スペシャルガラスボードデスマッチ」。

この試合直前に、ふと思った。相手はMASADAだし、完全に俺っちの分が悪い。だったら、もうリミットを振り切るしかない。半分ヤケクソというか、どうにでもなれという気持ちで、「ノーキャンバスにする」と指示を出した。

ノーキャンバスにすると、普通にリングを歩いてたり、ロープワークで走っているだけで、板が外れて足を取られたりする。それだけで俺っちの膝も抜けてしまって、動けなくなるかもしれない。

でも運を天に任すというか、これで最後まで膝が動くなら優勝できると思えた。

MASADAもノーキャンバスを了承して、リングは板が剥き出しになった。

ゴングが鳴って、MASADAをガラスに突っ込ませると、板の上にガラス片が散らばる。この状態で受け身を取ると、普通のリングの時よりも、ガラスが背中に食い込んでくる。

場外戦でかなりやられて、リングでも痛めつけられた。気づくと、MASADAがリングの板を外して、その開いた穴にガラスボードを渡している。MASADAは俺っちを抱え上げ、そのガラスを目がけてパワーボムで投げ捨てた。俺っちはガラスを突き破って一気に奈落まで落ちて、そこで記憶が飛んだ。後にも先にも、俺っちが試合中に記憶が飛んだのはこの試合だけだ。

記憶にない名勝負

気づいたら、俺っちは車を運転していて、うちの息子とカミさんを乗せて、首都高を走っていた。それで、助手席にいたカミさんに「あれ、試合ってどうなった?」って聞いたら、カミさんが顔面蒼白になって「勝ったけど。覚えてないの?」と心配された。それでボンヤリ思い出したけど、試合内容や結果は、あとでビデオを見て理解した。

映像を見ると、奈落から復活したあとの、俺っちの動きがなんかおかしい。ＭＡＳＡＤＡに、普段はやらないヘンな膝蹴りをしてたり、いつもとは違う試合の組み立て方で勝っていた。

試合後は涙ながらにマイクアピールして、そのまま観客席になだれ込んでハイタッチして、客席にいた息子を抱え上げてさらに泣いていた。この一連の行為もまったく覚えていない。

思い返せば、このトーナメントの前の俺っちはすごくナーバスになっていて、それを近くで見ていた息子も暗い顔をしていた。俺っちが優勝できなかったら引退するっていうのも知っていたし、俺のケガもリハビリも、ぜんぶ理解していた。

試合直前にはとつぜん「パパ、優勝できなかったらどうするの？」って聞いてきて。俺っちも「まぁ、プロレスやめるしかないかな」なんて答えたら、「パパがプロレスやめちゃったら、僕が新聞配達のバイトするから」って言ってくれた。

まだ小学校１、２年くらいなのに、息子のほうが思い詰めてた。そんな想いがあったから、記憶が飛んでも客席に走っていって、真っ先に息子を抱き上げたんだと思う。

何とか引退を回避することができたこの試合は、いろんな人から良かったって言ってもらえたし、俺っちのベストバウトの一つとなった。海外でも評判が良くて、MASADAの株も上がり、彼が「デスマッチキング」なんて呼ばれるキッカケの一つになった。それに、意外なところでこの試合の動画を見て、俺っちに興味を持ったレスラーもいた。

恒例の年末の「ブラッドクリスマス2012」。対戦相手は誰にしようかと悩むのも恒例になってしまった。

この時は、昔からこの業界に携わっている296さんに何となく相談したら「何かメキシコにデスマッチやるヤツらがいるらしいよ。そいつら呼んでみたら?」と教えてくれた。

俺っちはメキシコにそこまで本格的なデスマッチをやるレスラーがいるとは思ってなかったから、早速コンタクトを取ると、ビオレント・ジャックとアエロ・ボーイというレスラーがデスマッチをやってるということだった。

しかもこのビオレント・ジャックは、俺っちとMASADAの決勝戦を見て、ぜひカサイとやりたいと思っていた矢先だったという。

話はスムーズに進んで、さっそくこの年のブラッドクリスマスに二人のメキシカンデスマッチファイターが初来日することになった。

迎え撃つのは俺っちと竹田。

ジャックとアエロ・ボーイとは、当日のリング上で初めて顔を合わせたくらいだったけど、試合はスイングして、かなり盛り上がった。

これでFREEDOMSはメキシカンという鉱脈を見つけることができたし、ジャックたちのレスラー人生も、俺っちと関わることで、少しずつ狂い始めていた。

CRAZY MONKEY JUN KASAI

第九章

他団体への参戦

「葛西純と大仁田厚がやったら面白いんだけどな」

夏の「デスマッチトーナメント」、年末の「ブラッドクリスマス」、この2つのプロデュース興行を軸に動いてきたけど、常にライバル不足に悩まされてきた。

これはデスマッチ界がマンネリ化してしまっているのか、それとも葛西純自身が停滞してしまってるのか……。待っていても事態は変わらないので、俺っちは自分からどんどん動いてみることにした。

大日本プロレスでは、パートナーのヌマに噛み付いた。俺っちのケガが治って、大日本プロレスに復帰するって時に、普通にまたヌマと組むのもつまんないなと考えた。いきなりラリアートをカマして裏切って、前哨戦を重ねて、3月1日に一騎打ちをやった。ただ、これが意外に盛り上がらなかった。

やっぱり葛西純とヌマの「045邪猿気違's」を応援してる人が非常に多くて、二人が闘ってもどっちを応援すればいいんだろうという、微妙な空気になってしまった。まぁでもヌマが嫌いになって始めた抗争じゃなかったから、その気持ちも出てしまっていたのかもしれない。

この抗争を経て「０４５邪猿気違's」はさらに結束が強まり、さらに竹田と塚本拓海を加えた「B FAULTLESS JUNKY'S」というユニットを作った。これも、ちょっとマンネリ気味だった大日本のデスマッチ戦線に刺激を与えようという考えだった。

ＦＲＥＥＤＯＭＳでは、新たに「キング・オブ・フリーダムズ・チャンピオンシップ」、略してＫＦＣベルトを創設して、その初代王者を決めるトーナメント戦がスタートした。ただ、俺っちはベルトにそこまで興味がないから、このトーナメントにはイマイチ気持ちが入らなくて、個人的にはノーテーマになってしまった。

そんなこと考えてた時に、ＧＥＮＴＡＲＯと雑談してたら、ふと「葛西純と大仁田厚がやったら面白いんだけどな」と呟いた。

そうか、それもあるな、と思った。

俺っちの中で「大仁田厚とやりたい」という気持ちは特になかったけど、大仁田さんは世間的には知名度があるし、いまだに「デスマッチといえば大仁田厚」というイメージで止まってる人もいる。

客観的に考えて「葛西ＶＳ大仁田」はちょっと面白いかなと思って動いてみること

にした。

するとと大仁田さん側もすぐに反応してアピール合戦になり、すぐにリング上で対決する運びになった。

２０１３年5月2日の後楽園ホールが初対決。

この時は、会場のファンも大仁田派と葛西派に二分されていて、不穏な空気が漂ってた。ヘタしたらお客さん同士でケンカでも始まっちゃうんじゃないか、っていうぐらい盛り上がった。

だから、極論を言うと、この抗争は5月2日の1回だけで終わらせておけば良かった。実際にリングで向き合ってみたけど、思ったより試合が白熱しない。

大仁田さんも、蛍光灯や、俺っちがいつもやってるようなデスマッチの世界になかなか踏み込んでこないし、「葛西純と絡まないようにしよう」という空気を感じた。俺っちはそこを何とかしようと追い込むんだけど、追えば追うほど逃げられる。「電流爆破」も、俺っちはやっても良かったんだけど、そういう場を向こうが用意しなかった。

結局、この抗争は3～4カ月ぐらい続いたけど、何となく盛り上がり切れずに終わった。とはいえ、「大仁田厚」という人間を体感できたのは貴重な機会だったし、デスマッチについてより考えるようになった。

初めて竹田誠志にピンフォール負け

この夏のデスマッチトーナメントで、8月29日の決勝戦まで上り詰めた俺っちの向かい側に立ったのは竹田だった。

この時点で竹田と出会ってもう7～8年くらい経っている。竹田は葛西純に憧れてこの世界に入ってきて、デスマッチを始めて、俺っちとも何度も試合をして、何度も叩き潰されてきた。

この年のトーナメントも、竹田が決勝に上がってきたのは順当だなとは思ったけど、俺っちはまだ負ける気なんてサラサラなかった。

この時の準決勝で俺っちはビオレント・ジャックと対戦して、確かにスタミナを消耗してたけど、こっちのペースでガンガン攻めれば勝てる。バルコニーダイブも繰り出して、かなり追い込んだけど、最後に畳みかけられて、初めて竹田にピンフォールを取られてしまった。

俺っちは、竹田の成長が悔しくもあり、うれしくもあった。それまでは勢いだけの小僧ぐらいにしか思ってなかったけど、それからはライバルとして見るようになった。竹田も散々「葛西純のコピー」とか言われ続けて、ずっとモヤモヤしていたみたいで、この一戦に懸ける気持ちが強かったみたいだ。

感動的ではあったけど、結果的に俺っち主催のトーナメントで、またも優勝できなかった。こうなったら年末の「ブラッドクリスマス」はすごい試合をやって勝つしかない。でも、それができそうな相手がいない。

「あ、全然いいッスよ」

夏からずっと対戦相手を探し続けていて、すぐに10月になった。そろそろ決めないと、と考えていた時に、名古屋で俺っちと裕向のイベントがあって、それが終わったらそのまま大日本プロレスの広島大会に参戦するというシリーズがあった。

この時、宿泊先がなぜか裕向の実家になり、俺っちは裕向と泊まることになった。裕向の実家で、二人きりになって酒でも飲んでる時に、もう口癖みたいに「また今年もクリスマスの対戦相手がいねえよ」なんて言ってたら、裕向が「ああ、僕やってもいいですよ」って言いだした。

「おお、言ったな。でも、オマエとやるんだったら、やっぱり建築現場デスマッチでやんなきゃ意味ねえよな」って何気なく言ったら、「あ、全然いいッスよ」。

ハタから見りゃ、先輩デスマッチファイター相手に「こいつなナメんのかよ」っていう態度だけど、相手に困ってた当時の自分からしたら、本当にありがたくて、このカードを即決した。ただ、俺っちは高い所が実は苦手。

この時も高所がイヤで本当にナーバスになって、試合の1週間ぐらい前からずっとカリカリしてた。

ただ、試合が始まってしまえば、怖いなんて感情はなくなる。高低差を使った技を出したり、食らったりして、試合も一進一退でかなり白熱した。

それまでは裕向とやっても力の差を感じることはなかったんだけど、この時はけっこう押されて、最後は完封に近い形で負けてしまった。

試合後のマイクも裕向にぜんぶおいしいところを持っていかれて「うわ、やられたな」みたいな印象だった。

この試合が載ってる『週プロ』を見たら、この日のセミファイナルでやった、佐々木貴VS新井健一郎の有刺鉄線ボードマッチのほうが扱いが大きくて、カラー1ページぐらいでレポートされていた。俺っちと裕向のメインは、プリクラぐらいの写真しか載ってなかった。

試合内容に関しては、すごく満足はしてたんだけど、自分が思っているほど、外には認められなかったのが悔しかったのを覚えている。

大日本プロレスに上がらなくなった理由

この2013年の後半くらいから、俺っちは大日本プロレスに上がらなくなった。これは当時、ファンからも、業界関係者からも、何で大日本プロレスに出なくなったのか、ということを散々聞かれた。

ビジネス的な話で言えば、大日本プロレスとFREEDOMSの間で、条件面やポジション的な部分について、譲れる部分と譲れない部分が出てきた、ということになる。

それに、大日本プロレスでは、俺っちがやりたいようなデスマッチができなくなってきていた、ということもある。

これも当時はファンからよく「大日本とFREEDOMSのデスマッチって、何が違うんですか」と聞かれることが多かったけど、最近はあまり言われなくなった。

いまとなっては、それぞれの団体の違いというのが、ファンにも伝わったんだと思う。

本間朋晃と藤田ミノル

この時期は、なぜかこのような「現在」と「過去」が交錯するような出来事が多かった。

あるルートから、俺っちの先輩に当たる本間さんが新日本プロレスを辞めたので、FREEDOMSに出れるという連絡が来た。

俺っちはいつか本間さんとデスマッチをやりたいとずっと思ってたから、これは面白いと思ってオファーして、本間さんをUNCHAINのメンバーに引き入れた。

この時の本間さんは相変わらずなキャラクターで、俺っちたちと絡んだり、神威とシングルをやったりして、あのころの空気をちょっとだけ取り戻してくれたんだけど、ちょっとよくわからない面もあった。

試合当日になって「腰をケガしちゃったから出れないかもしれない」と言ってきたり、急に連絡が取れなくなったり。

いまとなっては、何でそんなことになってしまったのかは、いろいろ心当たりはある。まぁ、当時の本間さんにも色々事情があったのだろう。

ただ、こんな事ばかりだと使いづらいということになって、じゃあ本間さんの穴埋めできるヤツは誰だろうって考えた時に、これはやっぱり藤田さんしかいないと思った。

藤田さんは、ZERO1を退団して、東京愚連隊に関わりつつ、それもいつの間にかフェードアウトして北九州に住んでいた。

試合も北九州エリアでしかやってなくて、でもまだ現役でプロレスやってるんだから、呼べば来てくれるんじゃないかなと思って声をかけた。

藤田さんは「ぜひとも」と快諾してくれて、UNCHAINにも加入した。

FREEDOMSでは、相変わらず葛西純の相手がいないという状態が続いていた。2014年5月2日に後楽園ホールがあるけど、また葛西純の相手が決まらない。そこで「俺がやりますよ」と手を挙げてくれたのが藤田さんだった。

大日本プロレスにいたころは「デスマッチなんて死んでもやんねえよ」なんて言っ

てた人が、自分から名乗りを上げてくれたから、ちょっと驚いた。

さらに試合形式が「裸足画鋲デスマッチ」に決まった。

「裸足画鋲」は、俺っちと貴が２００５年にやったのが最後で、封印していた。この形式はいろんな意味で難しくて、とにかくこっちが思っているような試合にはならない。裸足に画鋲が刺さったら、そりゃ痛いし、リング上にバラまかれるとプロレスの攻防ができなくなる。本当に痛くてキツいんだけど、見てる側からするとコミカルに映ってしまうのも問題だ。数あるデスマッチアイテムの中で、画鋲は身近だからお客さんにも痛みが伝わる、なんてよく言うけど、伝わるようで伝わらないのが、この形式なんだよ。

でもこの時は、さすが藤田ミノルという試合になった。前から巧いレスラーだったけど、もっと懐が深くなったし、オトナになった。

大日本にいたころは、本当にただの子供みたいな人だったから、人生いろいろあって、酸いも甘いも、いろんなことを経験して、人間力が増したというのはこういうことなんだと思った。

知らぬ間に成長してるヤツがいるというのは、このあとにも思い知らされた。

過去と未来が交錯するようなカード

ＦＲＥＥＤＯＭＳで、デスマッチを追求していた俺っちに、久々に海外からのオファーが来た。２０１４年６月14日に行われる「ＣＺＷトーナメント・オブ・デス」というワンデイトーナメントで、アメリカのデスマッチ界では歴史と権威のある大会だ。

ただ、正直言うと、俺っちは海外に行くのはあまり好きじゃない。飛行機も得意じゃないし、現地の食事も慣れない。だから最初はあまり気が進まない感じで渡米して、これだけ大変な思いで行くからには、優勝しなきゃなっていう覚悟を決めた。

で、行ったら行ったで楽しいんだよ。アメリカのデスマッチフリークたちのノリは嫌いじゃないし、フェスに出てるみたいな高揚感がある。

トーナメントは、１回戦でマット・トレモント、２回戦でダニー・ハボックと戦い、決勝でＭＡＳＡＤＡとやって、宣言通りの優勝を果たした。

アメリカのトーナメントで優勝したからには、日本のトーナメントも制するしかない。そんな気持ちで挑んだのが２０１４年のデスマッチトーナメントだ。

本当にこの年は、俺っちにとって、「過去」と「未来」が交錯するようなカードが多かった。

1回戦の相手は、バッファローさんだった。バッファローさんは、俺っちより3年くらい先輩なんだけど、ここで試合するまでほとんど接点がなかった。

バッファローさんはIWA・JAPAN時代にデスマッチをやっていて、中でもガラスデスマッチをやったときに何針も縫うような大ケガしたという話は聞いていた。

もしかしたらトラウマがあるかもしれないけど、場所も大阪だし、バッファローさんのホームみたいなもんだから、じゃあガッツリいきましょうってことで試合形式が「ガラスデスマッチ」になった。

大ケガした経験があると、本能的に躊躇してもおかしくない。

でも、バッファローさんはガンガン来るし、ガラスもまったく怖がらない。そのガッツがすごかったし、お互いに超血みどろになって、久しぶりに気持ちいい死合ができた。

俺っちはこの試合を勝ち進み、準決勝で竹田に勝って、前年の雪辱を果たした。

決勝の対戦相手は意外な伏兵、ウインガーさんだった。

ウインガーさんは飄々としたキャラクターで、この時も「デスマッチやりたくない」みたいなことを言い続けながらヒョイヒョイ勝ち続け、決勝まで上り詰めてきた。

ウインガーさんは、俺っちが大日本に入った時に、もうメインのほうでやってた大先輩。

だけど、性格的にも優しくて、あれやれとか、命令されたことすらない。それにどこか日本人離れしているというか、メキシカンでも呆れるくらいの適当さで、平気で遅刻するし、いろいろだらしない。

ＦＲＥＥＤＯＭＳの旗揚げメンバーだし、付き合いとしては長いんだけど、結局どういう人だったのか、いまだによくわからない。ひょっとしたら、我々の知らない裏の顔があったのかなとも思うし、本当につかみどころがないとしか言いようがない。

この決勝戦も、そのウインガーさんの世界に絡め取られてしまい、結局負けてしまった。プロデュース興行での負けジンクスは、解消されるどころかさらに強力になり、俺っちは連敗街道真っしぐらになってしまった。

ＫＦＣ王者へ

とにかく勝ちが欲しい俺っちが次に照準を定めたのはＫＦＣのベルトだ。

この時のタイトルホルダーは火野裕士。この年の3月13日に俺っちは火野とハードコアマッチをやって負けているから、そのリベンジも果たしたいと思っていた。

タイトルマッチは9月15日、貴の地元の一関大会でやった。

火野のような猪突猛進タイプは、大日本で関本とか岡林裕二と散々やってきたから対処法はわかる。でも、火野はいままでやってきた日本人レスラーの中でもいちばんと言っていいくらいのパワーがあって、かなり手こずった。

ただこの時は、俺っちの借りを返したいという想いが勝り、バックスライドボムから3カウントをもぎ取った。

俺っちは第3代KFC王者になった。ただ、このベルトはまだできたばかりで色が付いてない。

火野が持ってたくらいだから、その時強いヤツが巻くという感じだった。でも俺っちが取ったからには、このベルトをデスマッチの色に染めていきたい。

俺っちがやる防衛戦はすべてデスマッチにしていこうと決めて、10月16日に貴を相手に初防衛。

そして「ブラッドクリスマス」で竹田の試合にもタイトルを懸けたけど、また負けてベルトを取られてしまった。

ただ、このベルトがデスマッチ色を帯びたことで、FREEDOMSの所属選手たちも成り上がるためにデスマッチに挑戦することが増えた。

そのひとりが、正岡大介だ。

正岡がデスマッチに参戦してきたのは、俺っちにとっては意外だった。

正岡はＨｉ６９（現・仁王）やＳＵＳＵＭＵ（現・進祐哉）と「スケコマシーズ」を組んでたりして、正直「こいつは何がやりたいのかな」って思ってた。

そうしたら「実はデスマッチがやりたい」みたいなことを言いだして、ウソだろ、と。

だから最初は、何やってもブレイクしないから、デスマッチやればちょっと注目されるかなぐらいの気持ちでやるだけじゃねえのかなって思った。

実際に、ちょっとだけデスマッチに触って、ケツまくって逃げたヤツも山ほど見てきたからね。

言葉で言うよりも実際やらせてみれば覚悟もわかる。

それで、デスマッチトーナメントにエントリーさせたら、１回戦で塚本にコロっと負けて、何だダメじゃねえかと、その時は思った。

秋くらいに、ラジアントホールで初めて俺っちと正岡でシングルのデスマッチでやってみたら、これがものすごい面白かった。独特のデスマッチセンスを持ってるし、トンパチなところも良い。

相手がいないと思ってたけど、こんな近くにいたなと思った。

同時期に、杉浦透もデスマッチを始めたんだけど、こっちはわかりやすくダメで、ものの見事にケツまくって逃げた。

このころは、進とか、ＫＡＩＥＮＴＡＩ ＤＯＪＯの関根龍一なんかの後輩連中とも絡んで、あんまり手応えがないし、「つまんねえな」なんて思いながら叩き潰してたけど、結果的にこのころに蒔いたタネが、数年後に育ってくることになる。

息子との関わり

リングで毎日血を流し続けながら、俺っちがもう一つ夢中になっていたのは「子育て」だ。

息子の学校行事には、ほとんど顔を出した。運動会も見に行ったし、学習発表会とか、2分の1成人式も卒業式も行った。保護者参加イベントには、いつも俺っちがいるから、何か不思議なオジサンがいるという感じで、子供たちからも、先生方からも、一目置かれていた。

息子が小学校のころ、「本の読み聞かせ」というプログラムがあった。月に1回、朝のホームルームに保護者が参加して、生徒の前で本の読み聞かせをするというもので、ウチのカミさんが「アンタが行ったら面白いんじゃない?」って言うから、参加してみた。

実際に行ってみたら、読み聞かせするのはお母さん方ばっかりで、お父さんで来てるのは俺っちくらい。

それでも何度か参加してたら、この小学校の読み聞かせの歴史の中で、お父さんが来るのは珍しいってことで校長先生が興味を示して、俺っちのことを見学しに来た。

そこで校長先生から「お父様は、お仕事は何をされてるんですか」と聞かれたので、「実はプロレスやってます」って答えたら、じゃあ学校で試合してみませんか、みたいな話がトントン拍子に進んで、道徳の特別授業の「イジメ撲滅」をテーマに小学校でイベントプロレスをすることになった。

リングは建てられないので、体育館にマットを敷いて、FREEDOMSの面々で「イジメ撲滅」の小芝居を挟みつつ、簡単なアトラクションみたいなプロレスをやったら、もう大盛り上がり。

子供たちは大喜びしてくれたんだけど、結局のところいちばんうれしそうだったのは、その校長先生だったね。

他団体への参戦

息子が中学生になってからは、俺っちがお弁当作りの担当になったので、毎日弁当を作って、それをブログに上げたりしていた。

とにかく息子のことは可愛くてしょうがなかったから、弁当作りも、送り迎えも、俺っちにとっては普通のことだったんだけど、そんな親バカぶりをブログで見てくれた人たちが、「葛西純っていうのは、そんなにヤバいヤツでもないんだな」って思ってくれたのか、ＦＲＥＥＤＯＭＳ以外のいろんな団体や、女子プロレスなんからもオファーが来るようになった。

それまでもＤＤＴや、６６６には定期的に参戦してたけど、このころからＷＲＥＳ

TLE—1やアイスリボン、いまWWEにいるASUKAが主催してた「カナプロ」なんかにもよく呼ばれた。

俺っちは、通常ルールのプロレスも、女子の団体も特に線引きすることはない。リングに上がれば男も女も関係ねえと思ってるからミックスドマッチにも抵抗がない。状況によっては、コミカルな試合をする時もあるけど、プロレスそのものには手を抜かないし、女であろうが当てるとこは当てて、入れるとこは入れて、ガッチリやるのが信条。

それに、女子プロレスのリングに男子選手が上がると、ファンからするとあんまりウエルカムではない雰囲気はあるんだけど、俺っちはその辺はフラットに受け入れられてるところがある。

まぁファンからも女子選手からも男として見られてないというか、ホラー映画のキャラクターかなんかと思われてるのかもしれない。

「葛西さんはキャラが立ってるからぜひ」と、プロレスと演劇が融合した「魔界」からもオファーが来て、参加することになった。

最初の3、4回はセリフなしで殺陣だけ。

それでも立ち位置がここで、音楽に合わせて動きはこうしてと、本当に緻密に作られているので、練習も本番もかなり大変だった。それに加えて、だんだんセリフも増えてきてしまったので、「もうこれは俺の手に負えない」と思ってフェードアウトした。

この10年ぐらい前に、大日本プロレスでヌマと「ロミオとジュリエット」をやった時は、まだ若かったし、セリフもぜんぜん入ったんだけど、この「魔界」に出てるころは、何もかもぜんぜん覚えられなくて迷惑をかけてしまった。老化もあるけど、バンプを取りすぎて頭がイカれたんじゃないかって思ってる。

アドリブのマイクアピールならスラスラ喋れるから、台本があるセリフは俺っちには無理なのかもしれない。

レギュラー的に参戦してたWRESTLE―1では、征矢学とAKIRAさんがやってた「ニュー・ワイルド・オーダー」に加わって、暴れまわった。

このユニットは本当に楽しかったし、刺激があった。WRESTLE―1のプロレスは、いままで俺っちがやってきたスタイルとは違ったし、体と体のぶつかり合いに加えて、試合の組み立て方とか、インサイドワークみたいなことを学べたんで、ホントに勉強になった。

この時のベストバウトは、2015年7月12日に後楽園ホールでやった、征矢学&葛西純組VSカズ・ハヤシ&近藤修司組戦。思った以上の試合ができたし、お客さんも盛り上がったし、ベルトも取ったので、すごく印象深い。

初めて体現できたプロレス

俺っちもそれなりにキャリアは積んできたけど、自分がやってきたものとは違うスタイルに触れることで、さらに進化できるということを肌身に感じた。

そういう意味で、この時期の試合でよく覚えてるのが、7月20日に「シアタープロレス花鳥風月」でやった勝村周一朗戦。

王子小劇場という、名前の通り本当に狭い会場で、確か鈴木秀樹VSウルトラマンロビンと、勝村周一朗VS葛西純の2試合しかない興行だった。

だからあんまり見た人もいないし、語る人も少ないけど、個人的にはかなり面白かったし、燃えた。

最初にオファーが来た時、勝村周一朗は修斗のイメージしかなかった。だからといって、向こうに合わせて格闘技ライクな試合をしても意味がない。逆に言えば、これは葛西純のプロレス頭と手腕を見せつけるには、格好の相手だなと思った。

試合はプロレスの原点というか、悪くて怖いレスラーが存分に暴れまわるというような展開になった。

俺っちが昔見ていたような、タイガー・ジェット・シンやアブドーラ・ザ・ブッチャー、ザ・シークみたいな近づくだけで恐ろしいようなレスラーが、会場を恐怖のどん底に叩き込む。そういうプロレスを、初めて自分自身で体現できた。

この試合で勝村も化けたというか、プロレスラーとして一皮剥けたんじゃないかと思う。

天龍にぶちかました蛍光灯

他団体に参戦して飢えを満たしていた俺っちだけど、FREEDOMSのリングでも予想外の「刺激」に巡り合った。

2015年の11月に引退することを発表して、それまでに様々な団体を渡り歩いていた天龍源一郎さんが、FREEDOMSにも上がることになった。

3月23日の後楽園ホール、天龍さんは、マンモス、Hi69と組んで、対する俺っちは貴、小鹿さんで迎え撃つという6人タッグ戦。

このカードが決まった時点で、俺っちは天龍さんに蛍光灯をぶちかましてやろうと思ってた。

ミスタープロレスの天龍源一郎と、このタイミングで交わるんだから、ただ対戦しました、思い出にします、というのは違うんじゃないか。葛西純とやるからには、それなりの覚悟をしてもらう。

試合が始まると、俺っちはずっと機会をうかがっていた。中盤あたりでコーナーに天龍さんが立っている時に、これはチャンスだと思って、リング下に忍ばせておいた蛍光灯束を持って天龍さんに近づいた。

あれぐらいのベテラン選手だと、凶器攻撃を加えようとしても「オマエなんて顔じゃねえよ」って感じでスカすこともよくある。

この時も、むしろそうなると思ってた。でも天龍さんは、蛍光灯束を振り上げた俺っちから目を逸らさず、「来てみろ」みたいな顔をして動かなかった。俺っちはそのまま天龍さんの頭に遠慮なく蛍光灯束を叩き付けた。

その時のお客さんの地鳴りのような歓声がすごかった。

天龍さんに蛍光灯をぶちかました人間は俺っちが初めてだろうし、してやったり。

でも、天龍さんも後のコメントで「受けてやったよ」と満足気で、誰に向かってかわかんないけど「ファックユーだよ！」って吠えてたから、最初から覚悟してたのかもしれない。

俺っちはリングに上がった以上は、レジェンドにもガッチリいくと、改めて気合を入れ直させてもらった。

葛西VS伊東

それでもデスマッチ戦線は停滞してるな、と思っていたころに2月27日に「浅草友人会」興行が組まれた。このころはすでに大日本プロレスとFREEDOMSは交わらなくなっていたんだけど、これは第三者が主催するプロモーション興行ということで、両団体の選手の試合が組まれて、俺っちも久々に伊東と試合をすることになった。

興行が発表されて、俺っちと伊東が並んだポスターも刷って、チケットを会場で売り始めたんだけど、思いのほか売り上げが伸びなかった。

もう「葛西VS伊東」が注目されなくなったのかと思って、ちょっと聞いてみたら、みんな「どうせ葛西と伊東はやんないんでしょ」と思ってるようだった。大日本とFREEDOMSがきっちり離れてたから、信じられないというか、同じ興行でもそれぞれ別の試合で葛西と伊東は絡まないいんじゃないか、と。

だから、カードを発表したら「本当にやるの?」という空気になって、それからあっという間にチケットは完売した。

この時のカードは葛西とヌマVS伊東と正岡。

俺っちも、久しぶりの伊東はどんなもんかなという楽しみがあったけど、この時はいい意味でも悪い意味でも、「大日本プロレスの伊東竜二」だったなっていう印象。

ただ、俺っちは通常ルールのプロレスが多かった時期なんで、久しぶりにがっつりデスマッチをやって、やっぱりコレだなという気持ちにはさせられた。

交わったと言えば10月10日に、東京愚連隊の「東京ONE NIGHT STAND」という興行があって、ここでサブゥー、トミー・ドリーマーというECWのレジェンドと対戦した。でも俺っちはＥＣＷにはそこまで思い入れがなくて、レトロに付き合うつもりもなかったから、ひとりで「ＣＺＷ」のＴシャツを来て、最後の記念写真も中指を立てて加わらなかった。

デスマッチファイターとしてまだまだ最前線にいるし、現在進行形で進化しているってことを、逆に意識させられた。

この時は田中将斗さんとタッグを組んだんだけど、田中さんも現在進行形で最前線だった。

田中さんとは、俺っちがＺＥＲＯ１にいたころに世話になったし、「魔界」でも一緒になっていた。

俺っちはあまりこういうことは言わないんだけど、日本のプロレスラーでいちばん尊敬しているのは田中さんだ。コンディションづくりもそうだし、試合の組み立て方も、表現力も、すべてにおいて一流だと思う。

田中さんに刺激を受けたということもあって、モチベーションが高まってきた。そのタイミングで挑んだこの年の「ブラッドクリスマス」の相手は、ガッチリ狂い合える竹田になった。竹田は、前年のクリスマスで俺っちから奪ったＫＦＣのベルトを１年間守り抜いていて、この日は俺っちにとってタイトルを懸けたリターンマッチとなった。

試合形式はガラスを4枚使った「死面楚歌ガラスボードデスマッチ」。もう連敗は許されない。お互いにサンタクロースの衣装を着てるみたいに真っ赤な血で全身を染めながら、最後は頭突き連打、リバースタイガードライバー2連発で竹田を下した。

CRAZY MONKEY JUN KASAI

第十章

休養とコロナウイルスの影響

UNCHAINとは？

もはや口癖のように「刺激をくれ」と言い続けて、とにかくイキのいい対戦相手を探していた。

FREEDOMSで神威が仕切ってる大阪大会に、ドレッドヘアの奇怪な男が参戦していて、目に留まった。

それがダブプロレスのグンソだった。

この10年前くらいに、大日本プロレスの広島大会に出た時、グンソと対戦したことはあった。俺っちとヌマが組んだタッグマッチで、ボコボコにしてやったという記憶はある。

その時はあまり印象に残らなかったけど、久しぶりに見たら雰囲気が変わっていた。最近のレスラーはひたすら技、技でつなぐヤツばかりだけど、グンソは試合中の表情や間、雰囲気で組み立てていて、プロレス的な技術はそんなに変わってなかったけど、面白い、やってみたいと思った。

それで関東のFREEDOMSの大会に呼んでみたら、グンソも一筋縄でいくヤツじゃないから、いきなり俺っちに噛み付いてきた。

これが観客から大ヒートを買った。あの吹本登場以来の、怒号のようなブーイング。葛西純のファンというのは、知れた名前、知れたレスラーが俺っちに噛み付いてくる時は大いに盛り上がるんだけど、「オマエ誰だよ」みたいなヤツが葛西純にカマしてくると、ものすごい拒否反応を示す。

グンソは試合に出るたびにブーイングを浴びる大ヒールになったけど、俺っちとやり合ってるうちに、だんだんお客さんにも認められてきて、UNCHAIN入りしたころには応援する声のほうが増えていた。

俺っちもグンソと組んでダブプロレスのタッグタイトルも取ったし、やってて楽しかった。

あとで聞いたけど、グンソがプロレスラーになりたいと思ったキッカケの一つが、俺っちが広島でシャドウWXさんを相手にやったファイヤーデスマッチを見たことだったという。

グンソも、葛西純に人生を狂わされたひとりだったってわけだ。

しばらくはUNCHAINとして一緒に組んでいたグンソだけど、最終的には裏切って出ていった。

俺っちはそれで良かったと思う。ＵＮＣＨＡＩＮは、それぞれ自由なのがポリシーではあるんだけど、仲間意識は出てくる。グンソはもともと一匹狼で、ＵＮＣＨＡＩＮに加入したことで存在感が薄くなっていた部分があるから、抜けて正解だった。

今後、またどこかで急にアイツに付け狙われる可能性もあるけど、俺っちにとっては望むところ。刺激を与えてくれるんだったら、いつでも受けてやる。

ＥＸＴＲＥＭＥ王者を防衛

このころの俺っちはちょっと飢えていたかもしれない。刺激を求めて他団体に参戦しまくっていたら、２０１６年12月は目まぐるしいことになってしまった。

12月４日は、ＤＤＴのエディオンアリーナ大阪で、男色ディーノとＤＤＴ ＥＸＴＲＥＭＥ級選手権試合をやって、タイトルを奪取。

12月９日にはＷＲＥＳＴＬＥ－１で、ＮＯＳＡＷＡ論外、近藤修司と組んでＵＷＡ世界６人タッグ選手権試合に挑み、チームワークはあまり良くなかったけど、これもベルトを取った。

12月17日には、DDTの横浜ラジアントホール大会で、大石真翔を相手にEXTREME王者を防衛。

12月26日「ブラッドクリスマス」は、グンソと「月光闇討ち&ゴルゴダの丘　十字架デスマッチ」で対決して勝利した。

いつもだったらここで1年も終わりかなって感じだけど、翌27日には金村キンタローの引退興行にFREEDOMS提供試合ということで花を添えて、興行が終わる前に会場から撤収して夜はFREEDOMSの忘年会イベントに参加。

飯塚高史

そして12月30日には、新木場1stRINGの「タカタイチ興行」に出場して、飯塚高史とハードコアマッチで没収試合になるくらいの大乱闘をした。

この飯塚戦は、最初にオファーが来た時は「本当?」と思った。

やるからにはこっちは逃げも隠れもしないけど、新日本プロレスがオッケー出すの?

と半信半疑だった。当日、会場入りするまで現実味がなかったけど、やってみたら本当に楽しかった。

俺っちはノコギリボードを持ち込んだけど、普通のレスラーなら、いきなりノコギリボードなんて出されたら、素が出るというか、どんな凶器か目で確認くらいはする。でも飯塚さんはまったくビビることも、止まることもなく暴れ続けた。

飯塚さんの「クレイジー坊主」というのも、会社から言われてやってるキャラクターだと思ってた。

だって、俺っちは中学生くらいの時に、爽やかな飯塚さんをよく見てたから。両国で飯塚さんと長州さんが組んで、ＳＳマシーン、ジョージ高野の烈風隊からＩＷＧＰタッグのベルトを取った試合も見ている。

でも、この時の飯塚さんは本当に狂人だった。やべー、こいつ頭おかしいって普通に思った。

没収試合にはなったけど、また絶対に殺《や》り合いたいとアピールするくらい強烈な印象の残る試合だった。

佐々木大輔

ＤＤＴのＥＸＴＲＥＭＥ級王座は、２０１７年1月3日に彰人と「蛍光灯ＩＰＰＯＮデスマッチ」、2月4日にマッド・ポーリーと「ドッグチェーンデスマッチ」と防衛を重ね、満を持して挑戦してきたのが、「カリスマ」と呼ばれている佐々木大輔だった。

3月20日、会場はさいたまスーパーアリーナ。このころには、息子はすっかりプロレスにハマっていて、たまアリに見に行きたいというので、一緒に会場入りした。たまアリは、さすがに広かった。

レスラーはデカい会場でお客さんがいっぱい入ってるほうがテンション上がるみたいなことをよく言うけど、俺っちは、あれだけ広いとやりづらい。お客さんのリングへの集中力も分散されるような気がするから、俺っち的には後楽園ホール、新木場１ｓｔＲＩＮＧあたりがいちばんやりやすい。

佐々木大輔に関して言えば、これまでにも何度か試合したこともあるし、前哨戦もあったんだけど、正直、こいつの何がすごいんだと思っていた。「カリスマ」って言われてるけど、その辺の取り巻きが勝手に言ってるだけなんじゃねぇか、と。

でも、このたまアリでやってみて、なるほど、と思った。さすがディック東郷の門下生、試合の組み立てもしっかりしてるし、ハードコアルールの中でも要所要所でレスリングのテクニックを生かした駆け引きを仕掛けてきて、すごく巧い。カリスマかどうかはわからないけど、実力者ではあるな、と思った。

ただ、この試合は負けてしまい、ベルトを取られてしまった。

敗因は、試合の序盤でラダーに顔面からぶつかって、鼻の骨を折ってしまったこと。別に痛くもないケガだけど、ペースが狂ったことは確かで、それさえなけりゃもっといい勝負になった。

二人めの子供

この日、俺っちはダブルヘッダーで、鼻が折れたままアリーナをあとにして、後楽園ホールのWRESTLE—1の大会に移動、俺っちは武藤敬司、近藤修司と組んで、曙、征矢学、NOSAWA論外と6人タッグで対戦した。まぁ、この日はいろんなカリスマと絡んだ一日だった。

この日の佐々木大輔戦のあとのコメントでも口にしたけど、9月に第二子が生まれることがわかった。俺っちはずっと欲しいと思ってたし、二人めの子供は葛西家の念願でもあった。

その予定日の直前の8月27日に、夏の葛西純プロデュース興行「デスマッチカーニバル」があった。トリプルメインイベントで、俺っちはジャックとのシングル。ジャックとは、この前年の「アルティメット怪獣battleデスマッチ」で戦って負けてるから、ここはやり返したい。

このころのジャックはすっかり日本に定着していて、デスマッチを中心に暴れまわっていた。

俺っちと似た部分があるというか、試合ではバイオレンス全開だけど、普段は物静かで、あんまり喋んない。

ここは俺っちと違うけど、ああ見えてインテリで大学も出てるし、メキシコではいいとこ育ちの坊ちゃんらしい。

ジャックは、デスマッチも、ハードコアも、ルチャも、普通のオーソドックスなプロレスもトータルで何でもできる。パワー、スタミナ、テクニックもぜんぶそろってる。

ただ、コレという突き抜けたものがない。一皮剥けて何か強力な武器を一つ持つことができたら、もっとヤバいレスラーになるんじゃないかな。

指が飛んだ

この試合は俺っちもギンギンだったけど、ジャックもビンビンで、俺っちはエプロンからの断崖式パッケージドライバーを食らったりしてフラフラになった。

試合中盤、ジャックが中身の入ったコロナビールの瓶を持ち出して襲いかかってきたから、奪い返して逆にジャックの頭に思い切り打ち付けてやった。

瓶は粉々に砕け散って、ジャックも吹っ飛んで、どうだ!と思った瞬間、ビール瓶を持っていた俺っちの右手の中指も一緒に割れたような感覚になった。

その直後に激痛が来て、ウッと思ったら次の瞬間に何も感じなくなった。

「あ、これは指が飛んだな」と確信して、右手を見たら、血だらけだけど、まだ指はくっついていた。血はすげぇ出てるけど、骨が見えてないから大丈夫、と思って、そのまま試合を続けて、最後はサボテンの上に垂直落下式リバースタイガードライバーを決めて勝利した。

終わった瞬間にリングにセコンドがいっぱい入ってきて、レフェリーの吉野恵悟が俺の右手を見ながら「これ普通のケガじゃないですよ」と真顔で言ってきた。俺っちは「ちょっと出血量が多いけど、骨が見えてないから大丈夫」って言おうと思ったけど、右手中指がプランプランしてる感覚があって、これはもしかすると普通のケガじゃないかもしれない。

控室に戻ると、救急車が呼ばれて、病院に行くことになった。

でも、会場まで車に乗ってきてるし、後楽園ホールの駐車場に置いて帰るわけにもいかない、みたいな話をしてたら藤田さんが「じゃあ、俺が葛西の車を運転して病院まで付いていくよ」って言ってくれて、救急車のあとを付いてきてくれた。

病院で先生に傷を診てもらいながら、「明日、新宿FACEでタカタイチ興行に出なきゃいけないので、ササッと消毒して縫ってください」と言ったら、「これ、指が皮一枚でつながってるだけですよ。当分欠場ですね」と宣告された。

右手に包帯をグルグル巻きにされたのでハンドルを握れず、結局藤田さんに家までクルマを運転してもらって帰った。

翌日のタカタイチ興行には、欠場の挨拶だけしに行って、飯塚さんとリターンマッチをやらせろとアピールした。

とりあえず、指の腱や神経もつなぐ手術をしなくちゃならないってことで、全治1カ月の診断。出場予定だった興行もぜんぶキャンセルして、多くの人に迷惑をかけてしまった。

指をつなぐ手術をして、退院した翌日が、娘の出産予定日だった。中指を包帯ぐるぐる巻きで固定されていて、常にファックユーしてるみたいな右手を抱えてカミさんのいる病院に行き、無事に娘の出産に立ち会うことができた。

その翌日に、検診を受けたら「手術をした指から膿がどんどん出てきてます。これはしばらく入院ですね」と言われ、それからさらに1カ月半ほど入院することになってしまった。

生まれてすぐ娘と離れ離れに

生まれたばかりの娘と、産んだばかりのカミさんは、当然1回もお見舞いに来れず、かなり孤独な入院生活だった。

しかも、この時期は北朝鮮が日本海に向けてミサイルをバンバン撃ち込んでる時で、ベッドで寝てるとそんなニュースばかり耳に入ってくる。

外の状況もわからないし、本当に戦争がおっぱじまっちゃうんじゃないかなと思って、いまここでミサイルが飛んできたら、この階段を通って地下の駐車場まで避難しよう、とかそんなことばかり必死にシミュレーションしてた。

基本的に指以外は元気で動けるから、ストレスはかなり溜まったけど、ようやく退院できた時は心底ホッとした。

娘とは、生まれてすぐ離れ離れになったせいか、しばらくは「ホントに俺っちの子供なのかな」って現実感がなかった。

それまで15年ぐらい妻と息子と俺っちの3人で生活していたので、待望の長女とはいえ、いきなりポンと出てきたようで、妙な違和感が拭えなかった。

周りからは「息子さんをあれだけ可愛がってるんだから、女の子なんて生まれたらおかしくなっちゃうよ」とかよく言われたけど、いまのところは、まだ息子のほうを溺愛してる。でも、もうちょっと大きくなってきたら娘の言うことは何でも聞いちゃうだろうな、という予感もしている。

飯塚高史との再戦

ケガが長引いたことで、10月29日の「ブラッディハロウィン」も、プロデュースだけで出場することができなかった。

ようやく決まった復帰戦は11月13日の後楽園ホール。俺っちは、めったに組まない貴とタッグで、竹田、吹本のＵＮＣＨＡＩＮ組と試合をした。

「ブラッドクリスマス」は、俺っちがケガで返上したＫＦＣタイトルをジャックが保持していて、それを奪い返そうと挑んだけど、返り討ちに遭ってしまった。

とはいえ、休んでた分を取り戻そうと試合を重ねた。ケガによる後遺症は、指の痺れが少し残ったくらい。あと片付けておかなきゃならないのは、飯塚さんとの決着だ。

２０１８年1月23日に「タカタイチマニア」が開催され、俺っちは待望の飯塚高史との再戦に挑むことになった。

場所はスケールアップして後楽園ホール。俺っちにとっては完全にアウェーだし、観客のほとんどは新日本ファンだろうから、どんどんブーイング飛ばしてくれよみたいな気持ちで入場したら、むしろウェルカムムード。「葛西、何かすごいの見せてくれよ」みたいな空気が充満していた。

この数年、俺っちはもっと名前を売ろうと思って活動していた部分もあって、2017年の「Number PLUSプロレス総選挙」では、ほとんど新日本の選手が占めるランキングで10位に入ることができた。俺っち自身「インディーレスラー最後の砦」という自負があったし、少しは新日本のファンにも葛西純という名前が浸透したのかなと思った。

リング上で向き合った飯塚さんは相変わらず狂っていて、俺っちでも手が付けられないほどだった。

お互いに竹串を突き刺し合い、ノコギリで切りつけ合ってたら、ちょっとやりすぎてしまったようで、またも無効試合になってしまった。

飯塚さんとは何度でも殺《や》り合いたかったけど、この試合の半年後くらいに引退してしまった。もう試合をすることはないと思うけど、この対決は2回ともノーコンテストだったから、いつか決着はつけたいという気持ちはいまも持っている。

エル・デスペラード

5月7日には「タカタイチマニア2」が開催された。ここで飯塚さんの代わりに立ちはだかってきたのがエル・デスペラードだった。

デスペとは鈴木みのるさんの興行に出た時に、打ち上げで一緒に飲んだことがある。ただ、その時はあんまり喋らなかったし、ほとんど印象もない。

でも、葛西純の試合が好きみたいだというのは聞いていたから、このカードが決まった時も「俺っちの試合が好きってことは、とことんやんなきゃ失礼だな」と思ったし、実際にとことんやらせてもらった。

俺っちが先に入場してリングで待ってると、デスペが、俺っちがたまにするバーテンダースタイルをオマージュしたコスチュームに折れた長机に有刺鉄線を巻いたアイテムを持ちながら現れた。「あぁ、こいつよっぽど俺っちのことが好きなんだな」と思ってテンションがバーンと上がって、通常ルールだったけど、ガンガンやりたいことをやった。

俺っちもヒートアップしてたんだと思う。普段はあんまり出さないナックルでデスペの顔面を殴りつけた。その時は、そんなにイイのが入ったという感覚はなかったけど、デスペは膝から崩れ落ちた。

なかなか起きてこないから、けっこう入っちゃったかなぁなんて思ってたら、向こうから立ち上がってきて、ナックルを返してきたから、こいつやるな、と。

それでますます荒っぽい展開になってやり合ってたら、レフェリーの和田京平に止められるといういつもの展開で、またも没収試合になった。

とりあえず今日はこれ以上やってもしょうがない。デスペとはＴｏ Ｂｅ Ｃｏｎｔｉｎｕｅｄだと思って、控室に戻ってコメント出してたら、デスペの控室方面が騒がしくなっている。関係者が喋ってるのが耳に入ってきて、どうやらデスペがさっきのナックルで顎の骨を折ったらしい。

こっちは試合直後でアドレナリンが出ててイケイケだから、アイツがケガしようが何しようが関係ねぇ、みたいな気持ちでいたんだけど、アドレナリンが下がってくるにつれて「うわ……やっちゃった……」という思いが込み上げてきた。

デスペは、この試合のあとに新日本プロレスで「ベスト・オブ・ザ・スーパージュニア」が控えてたんだけど、このケガのせいでシリーズ欠場ということになった。

家に帰って、一晩寝て、朝起きたら、改めて「マズいことしちゃったな」と落ち込んだ。俺っち自身はケガすることは多いけど、相手に欠場レベルのケガさせたことはほとんどない。

知り合いづてにデスペのLINEを聞いて「昨日の今日で殺し合いみたいな試合しておいてなんだけど、悪かったな」みたいなLINEを送った。

そしたらデスペから「俺は葛西純とやれたことに誇りを持っているし、普段得ることのできない刺激を得られたから、欠場することくらい、どうってことないですよ」と返してくれた。こいつ男だなって思ったし、そこまでの気持ちで来てくれたんだなって、うれしくなった。

デスペは顎の手術をして、入院してるという話を聞いたから、息子を連れて、病院に見舞いに行くことにした。

顎をやられると、あんまりメシとかも食えないだろうし、欠場中の気分もよく知ってるから、ちょっと明るく脅かしてやろうと思って、カーテンの閉まってるデスペのベッドにそっと近づいてみた。

そしたら、カーテンの中から「うふふ」みたいな声がずっと聞こえてきた。「何ひとりで笑ってんだ、気持ち悪いな」と思って、バっとカーテンを開けてみたら、デスペがベッドに寝転がってスマホでＹｏｕＴｕｂｅ見ながら、めっちゃニヤニヤ笑ってた。「何だよ、元気そうじゃねぇか」って言ったら「おー！　来てくれたんですか！」って爽やかに挨拶された。こいつ、ハートも強ぇっていうか、やっぱちょっとメキシカン入ってるなって思った。

これ以降、デスペとは試合で絡んでないけど、いつかまたやりたいと思ってる。これも没収試合で勝敗がついてないからね。

ミエドとシクロペ

7月29日には大阪の鶴見緑地花博記念公園で久しぶりの「ファイヤーデスマッチ」をやった。鶴見緑地は、俺っちがデビューした場所。

ただ、この日は猛烈に暑くて、お客さんがメインの「ファイヤーデスマッチ」の前に茹で上がってダウンしそうな状況だった。

試合も全体的にカオスな展開で、セミのエニウェア戦では、予想外のカークラッシュで神威の顔が引きつってたし、メインのファイヤーデスマッチでは、最後に吹本のケツに火が付いてしまって、その時セコンドについてた練習生が、水を掛けようと思ったら間違って灯油をブッ掛けちゃって、さらに吹本のケツが燃え上がるという衝撃の事態が起こった。

この時のファイヤーデスマッチの相手は、ジャックに、ミエド・エクストレモ、シクロペを加えた「ロス・ノマダス」で、メキシカンらしい破天荒な暴れっぷりが新鮮だった。ミエドは、身体能力が高いし、ああ見えてパワーもあるから波に乗ると手がつけられない。シクロペも器用だけど、ちょっとサイズが小さくて、アイテムを使う時なんかでも踏み込みが甘いな、と感じることもある。

ただ、このコンビ、メキシコだとシクロペのほうが格上で、「メヒコの葛西純」って言われてるくらいのカリスマ的な人気があるらしい。俺っちは似てるとは思わないけど、メキシコに行ったらそう見えるのかもしれない。

大日本のチャンピオンより下というのはあり得ない

葛西純は、この年でデビュー20周年を迎えた。

8月28日、夏のプロデュース興行「東京デスマッチカーニバル　2018」は、「Crazy monkey 20th anniversary」と題して、周年興行として行うことになった。

となると、俺っちの相手は竹田しかいない。しかも、この年の竹田は大日本プロレスのデスマッチヘビーと、KFCの2冠チャンピオンとなり、乗りに乗ってる状況だった。

このカードへの期待感なのか、それとも俺っちの20周年へのご祝儀なのかはわからないけど、この日はFREEDOMS始まって以来の、後楽園ホール超満員札止めとなった。

試合形式は「20thアニバーサリー・オブ・ザ・デッド　ノーキャンバス&ガラスボードデスマッチ」。竹田はハサミやノコギリを繰り出してきて、俺っちも竹串でやり返す。二人ともガラスごと奈落に叩き落ちて大流血したけど、最後はリバースUクラッシュ改を食らってしまい、俺っちが3カウントを聞いた。

負けたけど、いい血を流せたし、俺っちの20周年らしいデスマッチができたと思う。

ただ、この試合は、あくまでもKFCのタイトルマッチという意識だった。たまたま竹田が大日本のデスマッチヘビーも持ってたけど、もし竹田が大日本デスマッチヘビーのベルトだけを保持している状態だったら、ノンタイトル戦だろうが、タッグマッチだろうが、絶対に竹田からピンフォールは取られない。

もしそんなことがあったら、大日本のチャンピオンよりも葛西純が下ということになってしまう。それだけは絶対にイヤだ。

よくファンから、葛西純が大日本プロレスのデスマッチヘビーを巻いていないのは違和感があると言われる。でも、いらない。これはプライドとか、そういう問題じゃなく、必然的なものだと思う。

佐久田俊行

このころの大日本プロレスの内部事情はよくわからないけど、大日本に所属してるデスマッチファイターたちも刺激を欲しているんじゃないかな、と感じていた。

大日本プロレスでやってるデスマッチは、良くも悪くもアットホームさが出てしまっている。

巡業も多いから仲良くなるだろうし、選手同士で協力して会社を守ろうという雰囲気が強くて、そのために会社員として与えられた仕事をこなしているような選手が目に付いた。

やっぱりプロレスで大事なのは「テメエにだけは負けたくない」という素直な感情だと思う。

俺っちは、貴のことは会社の代表としてリスペクトしているし、ああいう仕事は俺っちには絶対できないから、男として、ひとりの社会人として、すげぇなと思う。

でも、デスマッチのリングに上がったら、貴よりも俺のほうが強いと思っていたいし、ファンからの人気でも、キ○ガイぶりでも負けねぇぞという気概がある。

だからこそ、試合の時は容赦なく殺《や》り合える。

大日本の選手たちは、そういう気持ちを持ち続けているのだろうか。

そんなことを考えている時に、大日本プロレスの両国大会（11月11日）があり、４年半ぶりに大日本のリングに上がることになった。

カードは俺っちとヌマの045邪猿気違'sVS伊東と小林の大日本生え抜き組。

久しぶりにリングで向き合った伊東は変わらないようでいて、少し変わった感じもした。伊東は俺っちの頬に注射器をブッ刺してきたりしたけど、最後はヌマが捕まってしまい、試合には負けた。

この日、他の試合を見ていて、ちょっと気になったのが佐久田俊行だった。

佐久田は植木嵩行と組んで、浜亮太、中之上靖文にテーブルクラッシュマッチで挑んでいた。

佐久田はデスマッチが心底好きなヤツだというのは知っていた。でも、その試合は何てことない感じで進んで、最後は植木が浜にテーブルクラッシュされて負けていた。

それ見て、すごくもったいねぇなと思った。佐久田自身も「こんなんじゃない」と思ってそうだし、俺っちとデスマッチをやれば佐久田はもっとハジけられるはず。

それで自分の試合が終わってバックステージに戻ってきた時に、思わず「この大日本プロレスで、葛西純に刺激をくれそうなヤツを見つけちまった」と口走った。名前までは言わなかったけど、それは佐久田のことだった。

「刺激がない」

デスマッチを始めるということに関して、動機はいろいろあると思う。「デスマッチで注目を集めて、のし上がってやろう」とか、何でもいい。ただ、佐久田に関しては、ほんとにデスマッチが好きでやっているのを感じた。日本人選手でそれを感じるのは、あとは竹田くらい。言い方を変えれば、頭おかしいし、異質なヤツらだと思う。

俺っちはこの「刺激」の謎かけをしつつＦＲＥＥＤＯＭＳに佐久田を呼んだ。２０１８年のクリスマス興行では佐久田ＶＳ吹本を組んで、２０１９年1月30日にはついに俺っちとデスマッチで初対決を果たした。

俺っちと関わったことによって、佐久田の人生も大きく狂い始め、やがて大日本プロレスを退団することになる。

２０１８年の「ブラッドクリスマス」で、俺っちは竹田と戦い、ＫＦＣのベルトを奪取した。チャンピオンとして改めてＦＲＥＥＤＯＭＳを見てみると、所属選手たちのモチベーションが下がってるんじゃないか、ということが気になった。

20周年興行が超満員札止めになったし、葛西純に任せていれば安泰みたいな空気が漂ってるんじゃないか。竹田や藤田さんみたいなフリーの人間は常にモチベーション高いけど、所属選手にもそれを求めていきたいし、「オマエらはそれで満足なのか」と言いたいという気持ちもあった。

「刺激がない」というのは、FREEDOMSの面々にハッパをかける意味もあった。そんな俺っちの意図を感じ取って、吹本が下剋上と掲げてベルトに挑戦してくれて、藤田さんもタイトル戦線に名乗りを上げてくれた。

噛みつかれた時は、同じUNCHAINだろって思ったけど、いまにして思えば、俺っちに刺激を与えるために挑戦してくれたんだと思う。

杉浦透

この流れでようやく火が付いてきたのが、杉浦透だった。

前にも書いた通り、杉浦は2013年ごろにデスマッチに挑戦して、心がポッキリ折れて、すぐにケツまくって逃げた。

でもあれから5年が経ち、杉浦も結婚して、子供も生まれて、ようやく「やってやる!」

という気持ちになったのかもしれない。

２０１９年7月3日にデスマッチで杉浦と当たった時の印象は「まぁまぁやるな」ぐらいだった。昔とは違うけど、まだまだ覚悟が足りない。

ただ、このころの俺っちは長年のダメージが蓄積していて、コンディションがどんどん悪くなっていた。特に頸椎と腰のヘルニアがひどくなり、8月28日の「デスマッチカーニバル」でＧＣＷの連中とやった時は、試合ができるかどうかギリギリの状態になっていた。

体がキツいと、気持ちも付いてこなくなる。俺っちのプロレス人生で初めて「今日は会場に行きたくないな」と考えてしまう日もあった。

それでも10月1日にＦＲＥＥＤＯＭＳの旗揚げ10周年興行があり、そこで杉浦とＫＦＣタイトルマッチをやることになった。

俺っちはもう満身創痍だったけど、杉浦に負ける気なんてサラサラない。でも、ベルトは誰かに渡して休ませてほしいという気持ちもあった。

杉浦はまったく逆だった。

7月の試合で、俺っちが「ちょっとは認める」ようなことを言ってしまったせいか、自信をつけ始めて、早い話が調子に乗らせてしまった。

杉浦はもともとお調子モンだし、乗らせるとどこまでも突っ走る。

でも、1回心が折れたら、あとはガタガタ崩れるだけ。そこが俺っちにとっての勝機だったんだけど、この時は体がついていかなかった。

コンディションもテンションも乱れて負けてしまい、杉浦に王座を明け渡した。

さすがにこの状態で試合を続けるのは難しい。選手生命を延ばすためにも、思い切って休養しようと思った。

でも、12月25日の「ブラッドクリスマス」に葛西純が不在というのは集客面でも不安だし、会社に迷惑をかけてしまう。だから、この大会までをリミットにして、それ以降は無期限の欠場に入ることを発表した。

伊東竜二との関係

「ブラッドクリスマス」に出ることは決意した。あとはカードを決めなくちゃならない。

その時、今度は伊東のデビュー20周年記念試合ということで、11月4日の大日本プロレス両国大会のオファーが来た。

カードは、俺っちと佐久田が組んで、相手は伊東と貴。俺っちとしては、佐久田と同じコーナーに立つんじゃなく、向き合って現在進行形のデスマッチをやりたかったんだけど、まぁこの日は伊東の周年試合。ノスタルジックな気持ちを感じながら、伊東と貴と殺《や》り合った。

試合が終わって、ふと会場を見回した時、急に「今日はどうやってリングを降りようかな」って考えた。

いつもなら、無言でサッサと控室に帰るか、対戦相手に中指突き立てて引き揚げるか、みたいな感じだけど、この日はいままでと同じことをしていても面白みがないなと思って、ふと手を出して伊東と握手をした。

これは単純にお客さんが「えー!」っと驚く行動をするのがいちばん面白いと思ったただけで、意外性だけを感じてもらえば良かった。

家に帰って、寝ようと思った時に、この場面がフラッシュバックした。伊東とめったにしない握手をしたんだから、俺っちが長期欠場に入る12月25日に伊東と組んで試合をしたら面白いんじゃないか。相手は何するかわからないミエド&シクロペ。これなら刺激があるな、と思ってさっそくそのカードを組んでみた。

もともと俺っちと伊東は、あまり仲は良くない。先輩後輩ではあるけど、同期みたいな間柄。とはいえ共通の話題があるわけでもないし、多分、二人で飲みに行ってもまったく盛り上がらない自信はある。

ただ、お互いに大日本プロレスでデビューして、良いところも悪いところも見てきて、苦労してここまでやってきた、というところで通じてるし、つながっている。

だから、言葉を交わさなくても、伊東が何を考えているかわかるし、俺っちが何を考えているかも伊東はぜんぶわかってると思う。

この時のタッグも何の打ち合わせもしてないし、ほとんど話すらしていない。それでも試合中にお互いのやりたいことはわかるし、邪魔にもならない。レアなタッグのわりには、俺っちたちが妙に落ち着いてるから、相手もお客さんも戸惑ったんじゃないかな。

この二人の間に流れている空気をなんて呼ぶのかわからないけど、それこそが葛西純と伊東竜二の関係性だと思う。

コロナウイルスの影響

試合を終えて、休養期間が始まった。肉体を維持する程度のワークアウトは続けつつ、負傷箇所のオーバーホールをしていこうという計画だ。

でも、ちょっと休んでみてわかったけど、特に治療は必要なかった。何よりも「受け身を取らない」というだけで、どんどん体調が良くなっていく。20年以上もデスマッチをやってきた俺っちが言うのもなんだけど、どんなアイテムで体を切り刻むよりも、体を守るために取った受け身一発のほうが、全身へのダメージが深い。だから、ほんの1カ月ほど受け身を取らなかっただけで、格段に体調が良くなり、これならいつでも復帰できるなっていうくらいのコンディションを取り戻すことができた。

気力、体力ともに充実して、久しぶりにモチベーションが高まってきた。早く復帰して、バリバリ血を流そう。そう思っていたころ、新型コロナウイルスの蔓延が始まってしまった。

FREEDOMSは、GCWと協力して、4月にアメリカのフロリダで興行を打つことが決定していた。俺っちは、そこでデスマッチフリークに囲まれながら華々しく復帰を果たして、ゴールデンウイークには日本に凱旋復帰する、というプランを描いていたんだけど、それもぜんぶ白紙になってしまった。

ハッキリ言って、心が折れた。

復帰した時に「葛西の体、欠場前より良くなってんじゃないか」と思われたくて、トレーニングは欠かさずやっていたんだけど、コロナは２０２１年くらいまで収まらないというニュースを聞いて、もうどうでもよくなって毎日お酒を飲んで、グータラしていた。

そうやって油断してたら、プロレス界の先陣を切って6月10日からＦＲＥＥＤＯＭＳの興行が再開できるようになった。「え？　早くね？」とは思ったけど、試合はやりたかったから、予定は狂ったけど急いで体をつくって、復帰戦に臨んだ。

この状況で、試合ができることは貴重だし、すごくうれしかったけど、お客さんは半分以下だし、みんな声を出せないから、拍手をして見守ってるだけ。

仕方のないことなんだけど、やっぱり寂しい。俺っちは対戦相手と戦うのと同じくらいの気持ちでお客さんとも戦っている。お客さんの想像を超えたことをやって、それに反応して歓声を上げてもらうことを意識している。

お客さんとのキャッチボールやコミュニケーションが取れないと、俺っち自身もこんなにテンションが上がらないものなのか、と感じるような復帰戦だった。

お客さんの前で試合ができてうれしいのは大前提。でもプロならば、声を出しちゃいけない状況の中でも、思わず声が漏れてしまうような試合を見せたい。自制が利かないくらい興奮して「葛西ー！」と叫びたくなってしまう試合をするのが、我々の役目なんじゃないか。でも、それができていないので、プロとしてのふがいなさを感じる日々だった。

どんなに長引いたとしても、いつかコロナは収束する。その暁には以前の、いや、いままで以上の自由な状態で俺っちのデスマッチを見て、声を張り上げてほしい。悲鳴でもブーイングでも何でもいい。気が違うくらいアツくなって、狂ってほしい。

俺っちはそんな時が来るまで、デスマッチの最前線で戦い続けたい。

CRAZY MONKEY JUN KASAI

おわりに

個人的に目標はたくさんある。まだ誰も見たことがないようなデスマッチをやりたいし、まだ見ぬライバルから刺激をもらいたい。

もっとカネを稼いで、マイホームも建てたい。そして、2020年4月に実現するはずだったけど、いつか息子をアメリカに連れて行って、満員のデスマッチフリークからのコールを浴びながら試合をする俺っちの姿を見せたい。

テメエの父ちゃんは、アメリカ、メキシコ、ドイツ、オーストラリア……、世界中に待ち望んでいる人がいて、言葉も文化も超えて心を動かしている。

そんな俺っちの真っ赤な背中を見せてやりたい。

俺っちが好きでやっていることとはいえ、体張って、命を削ってデスマッチをやっている。まだまだ報われちゃあいない。

このコロナウイルスも、ポジティブに捉えれば、相手もいなくて、目標もなくて、デスマッチのカリスマとしてやることやって満足してた「葛西純」の目を覚まさせる、巨大な「刺激」だったのかもしれない。

俺っちは「キ〇ガイ」を自称してきた。葛西純のプロレスラー人生には「狂」の文字がついてまわっている。

葛西純はプロレスに、デスマッチに狂っている。そして対戦相手も狂わす。観客を熱狂させて、関わったすべての人たちの生き方を狂わせる。

この自伝を読んでくれた人も、葛西純のデスマッチを見て、その感覚や常識が少しでも狂ってくれればうれしい。

葛西純＝デスマッチ。デスマッチ＝葛西純。

葛西純が終わったら、デスマッチも終わっていい。

でも、まだまだ終わらない。もっともっと狂ったプロレスラー人生をこれからも突っ走っていこうと思う。

２０２０年12月
葛西純

葛西純（かさい じゅん）

プロレスリングFREEDOMS所属。

1974年9月9日生まれ。血液型＝AB型、身長＝173.5cm、体重＝91.5kg。

1998年8月23日、大阪・鶴見緑地花博公園広場、vs谷口剛司でデビュー。

得意技はパールハーバースプラッシュ、垂直落下式リバースタイガードライバー、スティミュレイション。

受賞暦
プロレス大賞年間最高試合賞（2009年）

戴冠歴
KING of FREEDOM WORL王座、KING of FREEDOM WORLD TAG王座、BJW認定タッグ王座、WEWハードコアタッグ王座、WEWタッグ王座、WRESTLE-1タッグチャンピオンシップ、UWA世界6人タッグ王座、DDT EXTREME級王座、インターナショナルリボンタッグ王座、CZW世界タッグ王座、CZW世界ジュニアヘビー級王座CZWウルトラバイオレントアンダーグラウンド王座、トーナメント・オブ・デス優勝

葛西純Twitter：@crazymonkey0909
葛西純Instagram：crazy_monkey0909
クレイジーファクトリーTwitter：@crazyfactory826
プロレスリングFREEDOMS公式サイト：http://pw-freedoms.co.jp/

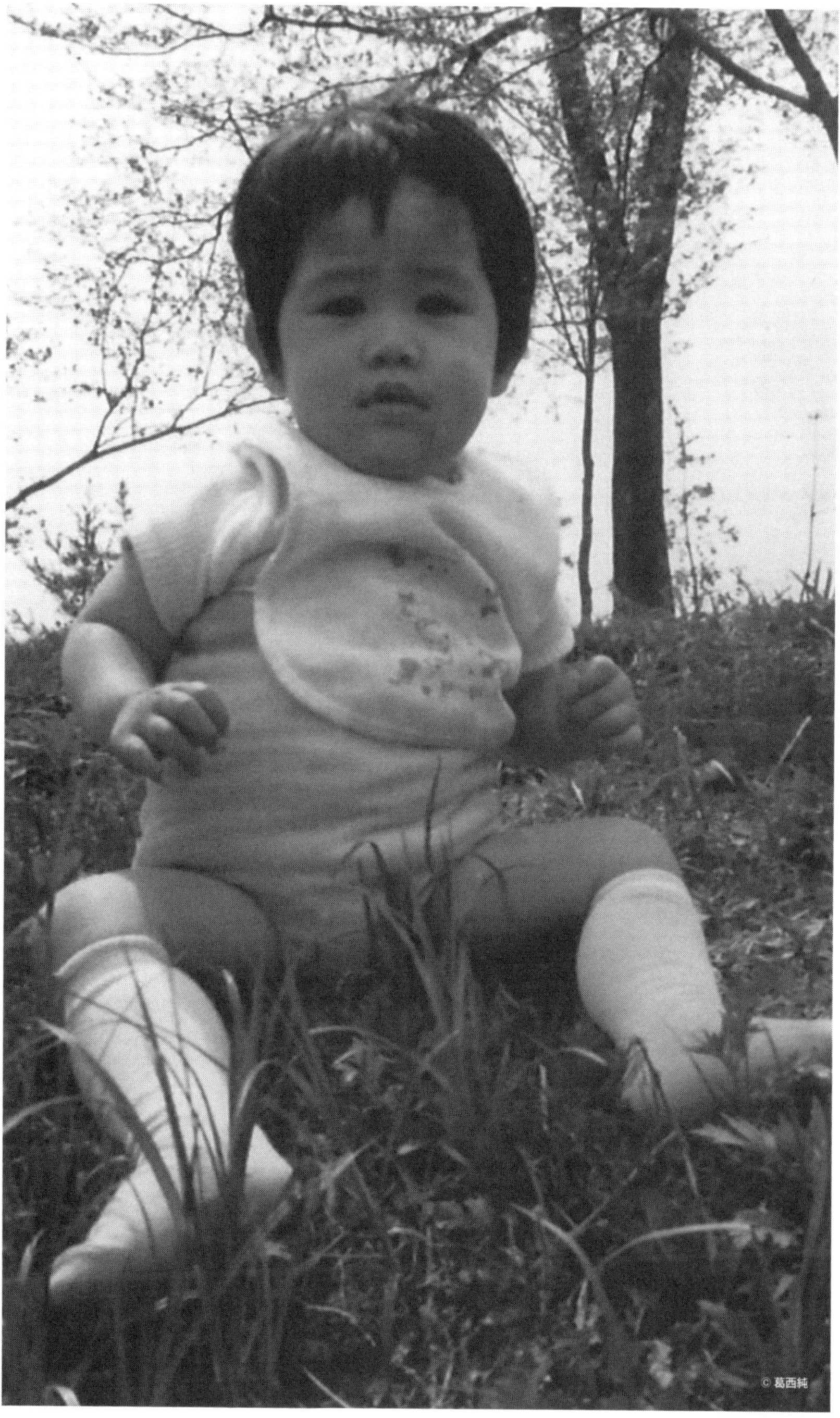

葛西純 自伝『CRAZY MONKEY』

著者:葛西純

構成:大谷弦
装丁:中川優 (N/Y inc.)
写真:高橋慶佑
協力:佐々木貴 (プロレスリングFREEDOMS)
澤昌伸 (プロレスリングFREEDOMS)
プロレスリングFREEDOMS
川口潤
近藤順也 (SPACE SHOWER FILMS)
佐藤優子 (SPACE SHOWER NETWORK INC.)
編集:佐々木康晴 (blueprint)

2021年1月31日　初版発行

発行人:神谷弘一
発行所:株式会社blueprint
電話:03-6452-5160 (代表)
印刷・製本:株式会社シナノパブリッシングプレス

ISBN:978-4-909852-12-0